뒤르켐이 들려주는
자살론 이야기

뒤르켐이 들려주는

자살론 이야기

ⓒ 윤민재, 2006

초판 1쇄 발행일 2006년 2월 14일
초판 16쇄 발행일 2024년 10월 1일

지은이   윤민재
펴낸이   정은영
펴낸곳   (주)자음과모음

출판등록   2001년 11월 28일 제2001-000259호
주소   10881 경기도 파주시 회동길 325-20
전화   편집부 (02)324-2347 경영지원부 (02)325-6047
팩스   편집부 (02)324-2348 경영지원부 (02)2648-1311
e-mail   jamoteen@jamobook.com

ISBN 978-89-544-1941-3 (64100)

뒤르켐이 들려주는
자살론 이야기

윤민재 지음

|주|자음과모음

책머리에

뒤르켐은 1858년 프랑스에서 태어났다. 프랑스는 사회학을 창시한 콩트가 태어난 국가이다. 뒤르켐도 콩트와 더불어 사회학의 창시자 가운데 한 명으로 불린다. 사회학이라는 학문을 과학이자 대중들의 중요한 학문으로 발전시킨 공헌이 있기 때문이다. 뒤르켐은 1879년 파리 고등 사범학교의 입시를 통과하여 본격적으로 학문의 길에 들어서게 된다. 당시 프랑스는 보불전쟁에서 패한 직후 매우 어려운 상태에 있었다. 그는 어려운 상황에 빠진 프랑스를 도덕적으로 재건할 수 있는 학문을 만들고자 하였다. 프랑스의 개혁은 도덕적 재건을 통한 정신의 통일에 있었다.

이러한 관심사를 바탕으로 뒤르켐은 사회학을 연구하였다. 뒤르켐은 두 명의 학자로부터 큰 영향을 받았다. 한 명은 스승 에밀 부트루이다. 그로부터 콩트의 사회학에 대해 자세히 배울 수 있었다. 또 한 명의 인물은 철학자 르누비에이다. 르누비에를 통해 뒤르켐은 도덕과 합리주의에 대한 관심을 배웠다. 이러한 배움을 통해 뒤르켐은 자신만의 독창적인 사회학을 발전시켜 나갔다.

　뒤르켐의 첫 번째 관심사는 개인과 사회와의 관계였다. 개인에게 관심을 둔 학문과 거시적인 사회에만 초점을 둔 학문을 종합, 통합하려는 것이 뒤르켐의 관심이었다. 물론 뒤르켐은 사회의 영향력을 강조하는 사회실재론자였지만, 그는 콩트의 도덕적인 규범의 강조와 마르크스의 경제구조에 대한 강조 등을 통합하고자 하였다. 즉 사회의 영향력을 강조하되 개인과 사회 어느 한쪽에만 강조점을 두는 시각을 탈피하고자 하였다.

　그는 사회현상은 사회적 사실이며 이것이 사회학의 주요 연구 대상이라고 보았다. 뒤르켐에 의하면 사회현상은 사회적 성격과 결정 인자가 있다. 따라서 생물학과 심리학의 수준에서는 연구될 수 없고 오로지 사회학적인 수준에서만 연구될 수 있다고 보았다. 그는 사회를 '우리를 초월해 있는 어떤 것이며 동시에 우리 속에 내재해 있는 어떤 것'이라고 표현한다. 사회적 사실은 그의 전체 사회학의 중심을 차지하고 있는 중요한 개념이다.

뒤르켐은 인간을 무한한 욕망을 가진 존재로 파악하였다. 욕망을 가진 인간들이 모여 사는 현대사회는 위기에 빠져 있다. 이 위기를 구제할 수 있는 수단은 사회에 있다. 사회적인 규제가 필요한 것이다. 사회적인 규제의 힘이 필요한 것은 사회의 통합과 질서를 위해서이다. 그 힘은 도덕적인 힘이다. 만약 그러한 힘이 무너지거나 사라진다면 개인들은 아노미 상태에 빠질 것이다. 따라서 현대사회는 아노미 상태로 빠질 것인가 아니면 사회적 규제의 힘을 회복할 것인가 하는 갈림길에 서 있다.

이러한 갈림길 속에서 뒤르켐은 자살의 문제, 분업의 문제, 종교의 문제, 지식의 문제, 직업의 문제 등 다양한 주제들을 다루었다. 다양한 주제들을 관통하는 하나의 개념과 목표 지점이 있었다. 그것은 바로 사회적 사실이었고 목표 지점은 사회통합, 도덕적 개인주의였다. 이 목표를 향해 달려간 것이 뒤르켐의 학문이었다.

뒤르켐을 우리가 중요하게 보아야 할 몇 가지 이유가 있다. 첫 번째는 사회학이라는 학문의 큰 기초를 닦았다는 점이다. 그것은 바로 개인과 사회의 문제를 어떻게 볼 것인가 하는 점과 연관되어 있다. 둘째 뒤르켐은 현대사회의 위기의 문제를 사회학적인 시각 속에서 파악했다는 점이다. 특히 분업, 종교, 도덕의 문제 등을 제시하면서 그 위기의 원인과 해결책을 날카롭게 제시하고 있다. 세 번째는 사회학의 독창성을 강조하면서도 모든 것을 아우르는 해결책이자 전망으로서 도덕의 문제를 제시했다는 것이다. 네 번째는 사회적 사실이라는 매우 중요한 사회의 분석 도구를 보여 주었다는 점이다.

 뒤르켐은 카를 마르크스, 막스 베버와 함께 사회학의 3대 인물로 불린다. 그가 활동했던 시기는 지금으로부터 100여 년 전이고 그는 우리 사회와는 멀리 떨어진 프랑스 사회에서 활동했다. 따라서 우리에게는 매우 낯선 인물일 수 있지만 '사회를 어떻게 볼 것인가'에 대한 고민, '현대사회의 위기를 어떻게 극복할 것인가'에 대한 통찰, '왜 현대사회에서 종교와도 같은 도덕의 힘이 중요한 것인가'에 대한 그의 주장 등은 우리가 눈여겨볼 만한 대목이다.

끝으로 이 책이 출간될 수 있도록 도움을 주신 (주)자음과모음의 강병철 사장님과 많은 수고를 한 기획실의 이윤희 과장, 함소연 씨에게 특히 감사의 마음을 전한다.

차례

프롤로그

자, 자, 이제부터 시작합니다. 오늘 밤은 여러분도 함께 저희 신문사의 편집회의에 참여하세요. 저는 누구냐고요?

저희 신문사에서 발행하는 신문의 사회면입니다. 사회면 기자냐고요? 아니요! '사회면'이라니까요!

믿기지 않으시면 오늘 자정쯤 저희 신문사 회의실로 와 보세요. 물론 발소리, 숨소리도 모두 죽이고 말이죠.

오늘은 사회면에 너무 슬픈 기사가 났어요. 잠시 후에 이 기사를 가지고 저는 회의실로 간답니다. 그전에 여러분께 먼저 기사를 보여 드릴게요.

강서 소방서 장영식 대원(42)의 장례식이 치러지고 있는 병원에는 아침부터 많은 조문객의 발길이 이어지고 있다.

24일 밤 신형아파트 화재는 아파트 지하에서 붙은 불이 아파트 전체로 번지면서 한 시민의 신고에 의해 출동한 119 소방대원들에 의해 아파트 한 동을 전부 태우고서야 가까스로 불길이 잡혔다. 이 과정에서 강서 소방서 장영식 대원이 미처 피하지 못하고 구조의 손길을 기다리고 있던 아파트 5층에 사는 ○○○ 씨와 그 아들을 구하기 위해 아파트 안으로 들어가 두 사람을 구하고 또 다른 생존자를 찾기 위해 다시 불길 속으로 들어갔다가 미처 나오지 못하고 숨졌다.

장영식 대원은 낡은 아파트가 곧 무너질 거라는 사실을 알고서도 많은 동료 대원들의 만류를 뿌리치고 불길로 뛰어든 것으로 알려져 주변 사람들을 더욱 안타깝게 하고 있다. 장영식 대원은 평소 동료 사이에서도 의협심이 강하고, 희생정신이 투철한 사람으로 알려져 왔으며 대원에게는 홀어머니와 아내, 그리고 초등학생 아들이 있다.

요즘처럼 희생을 모르고, 개인의 이익과 관계가 없는 일이면 하려고 하지 않는 사람들에게 대원의 모습은 훌륭한 귀감이 되고 있다.

어때요? 너무 슬픈 얘기 아닌가요? 그런데 이야기는 여기서 끝이 아니랍니다. 지금부터 저와 함께 회의실로 가실까요?

1

영웅

집단적 신념, 정서, 경향은 개인들의 의식의 상태에서 나오는 것이 아니라,
총체적인 사회적 집단이 놓여 있는 조건으로부터 나오는 것이다.
– 뒤르켐 –

밤만 되면 신문들이 모여서 정치, 경제, 사회, 문화 등 이 나라를 걱정하는 회의를 시작하지. 오늘은 어느 소방관의 이야기로 시작을 한다는데······.

한밤중 신문들의 회의

샤샤샥…… 샤샤샥…… 바스락…… 바스락…….

"내 발 밟았어. 당신!"

"그러니까 굼뜨게 굴지 말고 빨리빨리 좀 움직여요. 문화면이 만날 늦어, 아무튼."

"조용히들 해요! 오늘 국장님이 남아서 야근하고 계세요. 깨시면 어쩌려고 그래요. 쉿!"

오늘 밤도 어김없이 신문들이 모였다. 채 잉크도 마르지 않은 몸을 잽싸게 흔들며 신문들은 회의실 책상 위에 착! 착! 착! 자리를 잡았다. 언제부턴가 신문들은 기자들이 모두 퇴근하고 밖에서 경비 아저씨가 딸각! 문을 잠그면 자기들만의 회의를 시작했다.

회의라야 서로들 무슨 기삿거리가 내일의 토픽인가를 자랑하는 수준이지만 자기들끼리는 제법 심각하게 현대사회를 진단하는 토론의 장쯤으로 생각하는 듯싶다.

"문화면, 내일 기사는 뭡니까? 만날 시시껄렁한 사람들만 만나고 다니는 얘기 이제는 좀 지겨운데."

"어머, 그러는 경제면은 뭐 좀 좋은 소식 있어요? 만날 어렵다, 어렵다, 죽는소리만 하지 말고 도대체 경제는 언제 살아난대요?"

"경제가 뭐 그렇게 살아나라, 살아나라 한다고 살아납니까? 정치가 잘해야 경제가 사는 거죠. 정치면은 뭐 좀 기삿거리가 있습니까? 아차, 뭐 국회가 열려야 기삿거리가 있지."

"아니! 왜 가만히 있는 나를 갖고 그래! 국회의원들이 국회에 모여서만 정치를 하나? 내일은 연말연시를 맞아 국회의원들이 양로원으로 위문품들을 보내느라 바빠서 국회가 안 열리는 거야! 알지도 못하면서. 에헴."

서로 자기들의 기삿거리를 들어 봐 달라고 바스락바스락 떠드는

통에 뒷문으로 조용히 들어오는 논설면과 사회면을 보지 못했다.

논설면이 에헴! 기침을 하자 그제야 신문들은 뒤를 돌아보았다. 신문들은 사회면이야 매일 꼴찌로 기사가 넘어가서 그렇다 치더라도 논설면은 특별한 일이 없으면 가장 빨리 마무리되는 지면인데 무슨 일일까 궁금했다.

"저, 오늘도 또 늦었네요. 정말 죄송합니다. 너무 가슴 아픈 기사가 내일 사회면에 실립니다. 정말 너무 마음이 아파서 자리에 참석하고 싶은 생각도 들지가 않더군요. 그래도 여러분이 궁금해 하실 것 같아 잉크가 마르자마자 달려왔답니다."

사회면이 금방이라도 울 것 같은 목소리로 말을 꺼내자 뒤를 이어 논설면이 사회면을 도닥거리며 말을 이었다.

"여러분, 저도 내일 사회면에 날 기사 때문에 갑작스럽게 내용이 바뀌게 되어 늦었습니다. 기다리시게 해서 죄송합니다."

"아니, 대체 사회면에 어떤 기사가 났기에 논설 내용까지 바뀐 거죠? 정말 궁금하네. 빨리 얘기 좀 해 봐요, 사회면!"

문화, 스포츠, 정치, 경제면 할 것 없이 빨리 말해 달라고 사회면을 닦달했다. 하지만 아직 마음이 진정되지 않았는지 사회면은 손을 저으며 다른 지면들에 순서를 양보했다.

"이번 독일 월드컵에서 뛸 선수들이 전지훈련을 떠난답니다. 장소는 아직까지 알아낸 신문사들이 없습니다. 하지만! 바로 저희 신문사는 내일 아침 기사에서 그 장소를 터뜨릴 거라 이 말씀입니다! 하하하! 여러분 궁금하시죠?"

"네!"

이번에는 광고면까지도 나서서 알려 달라고 아우성을 쳤다. 역시 요즘 최고의 인기는 만장일치로 월드컵 이야기를 다루는 스포츠면이었다.

"그 장소는 말입니다……."

딸각!

회의실의 문이 열리는 소리에 신문들은 정신없이 책상 밑으로 기어들어갔다.

"이게 왜 여기 있지? 아무튼 정 기자는 이 기사가 밖으로 새어 나가면 특종을 놓치는 건데 함부로 이런 데에다 놓고 퇴근을 하고 말이야. 에이그, 정신없는 친구 같으니."

차마 책상 밑으로 숨지 못한 스포츠면이 국장님 손에 들려 나갔다. 나가면서 스포츠면은 동그랗게 입을 오므려 전지훈련 장소를 말했지만 애석하게도 아무도 입 모양을 해석할 수가 없었다.

다들 김이 새는 바람에 책상 위로 올라와서도 한참을 시무룩하게 있었다.

그런데 사회면이 어느 정도 마음이 진정됐는지 입을 열었다.

"내일 사회면에 어떤 기사가 나가는지 말씀을 드리지요. 오늘 강서 소방서에 근무하는 장영식 소방관이 5층짜리 아파트에서 난 불을 진화하다가 5층에 한 가정집에서 잠자고 있던 다섯 살짜리 남자 아이와 아이의 엄마를 구하고는 그만……"

"그만…… 죽었다고요?"

문화면이 삐죽 끼어들었다.

"네, 둘을 구하고 나서 또 누군가가 있을지 모른다고 들어갔다가 낡은 아파트 천장이 무너지는 바람에……"

"그러니까, 죽었다는 거죠?"

문화면이 또다시 삐죽 끼어들었다. 신문들 모두 '뭐 그런 얘기 한두 번도 아니고' 하는 표정들이었다.

"지난주에는 고등학생 한 명이 자살했죠, 아마? 성적 비관이었던가? 아니다, 일진회한테 시달림을 당하다가 못 견디고 자살한 거였죠?"

"며칠 전에는 어땠고요. 사업 실패로 집안 사정이 어려워진 가족이 다 함께 목숨을 끊은 일도 있었는데요 뭐."

"이라크전이 한참일 때는 아무런 죄도 없는 이라크 시민들이 하루에도 수십 명씩 미군의 총에 맞고 죽었잖아요. 아, 그리고 반대로 이라크의 자살 폭탄 테러로 많은 미군이 죽기도 했죠. 사람 죽는 게 뭐 그렇게 대단한 일도 아니고……."

신문의 모든 지면들이 한마디씩 거들고 나섰다.

"아니, 언제부터 사회가 이렇게 각박해졌습니까! 그 소방관한테는 홀어머니와 아내, 그리고 초등학생 아들도 있다고요!"

사회면이 몸을 부르르 떨며 신문들을 질타했다. 신문들은 사회면의 호통에 머쓱한 표정으로 서로 쳐다보았다.

殺
죽일(살)

身
몸(신)

成
이룰(성)

仁
어질(인)

옳은 일을 위하여
기꺼이 자신의 목숨을 희생하는 것

② 왜 목숨을 끊는 거죠?

"자, 자, 모두 하고 싶은 이야기가 많으신 것 같군요. 사회면도 흥분을 좀 가라앉히시지요. 이제 제가 오늘 늦은 이유를 말씀드려야겠군요."

드디어 논설면이 소란스러운 신문들을 제치고 앞으로 나와 입을 열었다.

"네, 도대체 이번 사회면 기사로 논설 내용이 어떻게 바뀌었는지 궁금합니다. 그리고 왜 사람들은 하나밖에 없는 목숨을 그렇게 쉽게 끊는 건지도 궁금하고요."

경제면의 이야기에 모두 고개를 끄덕거리며 논설면을 바라보았다.

"에헴, 먼저 사회면이 내일 다룰 내용에 정말 마음이 아픕니다. 오늘 사건으로 급하게 이번 달의 논설 내용이 수정되었습니다. 이번 한 달 동안은 뒤르켐이라는 철학자가 이야기한 자살론을 바탕으로 하여 사회와 개인과의 관계에 대해 다루게 되었지요. 모두 관심 있게 지켜봐 주시기 바랍니다."

논설면의 이야기가 끝나자 모두 자살론이라는 게 뭘까 궁금해하는 표정들이었다.

"아까 여러분이 말씀하셨던 여러 가지 자살 이야기들은 모두 뒤르켐이라는 철학자가 한 이야기에도 나와 있군요. 내일 논설은 자살의 유형에 대해 들려준다고 합니다. 음, 어디 보자. 요즘을 개인주의 시대라고 많이 이야기들 하지요. 모두 나만 잘난 줄 알고 나의 이익만을 가장 중요하게 생각하지요. 옛날처럼 대가족제도 안에서는 불편한 점도 많았지만 어른들과 함께 살며 가족이라는 울타리 속에서 참을성도 배우고 인내심도 배울 수 있었지요. 그러한 울타리가 없어서 힘든 일이 생겼다고 쉽게 목숨을 끊는 것을 이기적 자살이라고 뒤르켐이 말했다는군요."

"그래요. 요즘 아이들은 모두 형제, 자매 없이 혼자인 경우가 많고 부모님들은 맞벌이를 하는 가정이 많아서 누구 하나 옆에서 붙잡아 줄 사람이 없긴 하죠."

문화면이 논설면의 말을 듣고 고개를 끄덕이며 말했다.

"그리고 집안 사정이 어려워서 다 같이 목숨을 끊었던 가족의 경우는 도저히 자신들이 속한 사회에서 비참한 운명이 바뀔 것 같지 않자 자살을 택하는 경우이므로 숙명론적 자살이라고 한답니다."

"그러면 이 소방관의 경우는 뭐지요? 이런 경우도 자살이라고 할 수 있나요? 스스로 목숨을 던졌으니 자살이라고 할 수 있는 걸까요?"

사회면은 소방관의 이야기를 마음에서 지울 수가 없었다.

"그 소방관 같은 경우는 이기적 자살과는 반대의 경우라는군요. 남을 위해서, 사회를 위해서 자신을 희생하는 사람의 경우지요. 아까 말씀하신 이라크의 자살 폭탄 테러 같은 경우도 극단적인 이타적 자살이라고 볼 수 있겠군요."

신문들은 저마다 웅성웅성 대며 자살에 대해 이야기했다.

"뒤르켐의 이야기대로라면 자살은 다 사회하고 연관이 있는 거네요? 자살은 심리적인 상태와 관계가 있는 것이라고 생각했는데요. 대부분 자살의 충동을 느끼는 사람들은 정신의학과에서 상담을 받잖아요."

전문 의학면이 그동안 신문에 실렸던 정신의학계의 기사들을 떠올리며 이야기했다.

"음, 어디 그런 내용이 어디쯤 있나 한번 볼까요? 아, 여기 있군요. 뒤르켐은 개인이 사회의 영향력을 벗어나서는 살 수가 없다고 했습니다. 한 사회 안에 함께 살고 있는 사람들은 모두 자연스럽게 만들어진 그 사회만의 규칙에 자연스럽게 녹아들게 되지요. 예를 들어, 대한민국 사람이라면 예의를 중요시하고, 평화를 사랑하는 등의 비슷한 생각들을 하고 있는 것처럼요. 그래서 뒤르켐은 자살도 사회와의 관계 속에서 이해해야 한다고 본 것이지요. 자, 내일 논설은 여기까지입니다."

논설면의 이야기가 끝나자 모두 주섬주섬 책상에서 몸을 일으켰다. 하지만 사회면은 뭔가 할 말이 남아 있는 듯 계속 어두운 얼굴이었다.

"여러분, 제가 정말 마음이 아픈 건⋯⋯."

사회면이 입을 열자 모두 '아직도 얘기가 남았나?' 하는 표정으로 회의실의 시계를 쳐다보았다. 새벽 1시가 다 되어 가는 시간이었다.

"제가 정말 마음이 아픈 건 소방관의 가족들이 그 소방관을 자랑스러워하지 않는다는 겁니다."

"네?"

신문들 모두가 바스락! 몸을 숙여 일제히 사회면을 쳐다봤다. '설마! 그럴 리가?' 하는 표정들이었다.

"정말이요? 그건 이해가 안 가는 일이군요. 남을 위해 자신을 희생한다는 건 아름다운 일인데. 안 그런가요? 논설면도 그렇게 말씀하셨잖아요. 왜 가족들이 자랑스러워하지 않는다는 거죠? 나쁜 사람들이군요!"

"맞아요! 요즘같이 개인주의가 판치는 세상에 그렇게 훌륭한 사람이 또 어디 있다고."

이번에는 모두 사회면의 이야기에 궁금증이 생기는지 웅성웅성 소란스러웠다. 사회면은 소방관 가족의 이야기를 시작했다.

③ 남겨진 사람들

할머니도 엄마도 더는 울지 않았다. 취재기자들의 집요한 인터뷰 요청도, 예의 없이 터지는 사진기자들의 플래시 세례도 이제 어느 정도 잠잠해졌다.

태양은 아랫입술을 꽉 깨물었다. 아빠의 친구들인 소방관 아저씨들이 위로하며 하는 소리도 하나도 귀에 들어오지 않았다.

"태양아, 너희 아빠는 훌륭한 분이셔. 훌륭한 아빠를 둔 걸 자랑스럽게 생각하고 엄마랑 할머니랑 잘살아야 한다. 에이그, 어린

것이……."

모두들 돌아서며 끌끌 혀를 찼다. 태양은 아빠가 살아 계셨을 때에도 어차피 아빠 얼굴을 자주 볼 수는 없었다. 아빠는 늘 남을 위해 사는 분이셨고, 가족들의 일 같은 건 관심 밖이었다.

태양의 초등학교 입학식에도 아빠는 소방서 상황실에서 비상근무를 하시느라 와 보시지 못했다. 초등학교 5학년이 된 지금까지 태양은 아주 어렸을 때 아빠와 동물원에 놀러 갔던 것을 빼고는 아빠와 무언가를 같이 해 본 기억이 없었다.

아빠의 빈자리는 늘 엄마와 할머니가 대신하셨다. 그래도 불편함 없이 살았던 건 태양은 아빠를 그저 때 되면 용돈이나 많이 주고, 다른 친구들에게 뒤처지지 않게 학원 공부나 시켜 주는 사람이라고 생각하며 살았기 때문이었다. 그래서 앞으로도 태양은 아빠가 돌아가신 것이 자신이 사는 데에 아무런 영향도 미치지 못할 것이라고 생각했다. 정말 그때까지는 그렇게 생각했다.

태양의 커다란 두 눈에서 뚝뚝 눈물이 흘렀다.
'그래, 어차피 나 같은 거 하나 없어져도 엄마랑 할머니는 눈 하나 깜짝 안 할 거야. 모두 잘 먹고 잘살아라! 젠장!'

불도 켜지 않은 방 안은 완전히 암흑이었다. 할머니는 시골 고모 댁에 가셨고, 엄마는 오늘 일하시는 출판사에서 야근을 해서 집에 못 오신다고 했다. 배가 고팠다.

하지만 상관없었다. 조금 후면 어차피 배고픔 따위는 못 느끼는 세상으로 갈 테니까.

주머니 안에는 어제 밤새 적은 유서도 있었다.

'엄마나 할머니 중 그래도 한 명은 내가 죽은 걸 슬퍼할까? 그런데 왜 갑자기 엄마 얼굴이 보고 싶어지는 거야?'

태양은 눈물을 주먹으로 쓱 닦아 내며 준비한 약을 입 안에 털어 넣었다.

"으윽!"

약은 너무 썼다. 몇 주에 걸쳐 힘들게 모은 약이었다. 약이 목을 넘어가는 그 짧은 순간 태양은 살고 싶었다.

'이런, 너무 쓰잖아. 이대로 죽는 건가? 아직 풍차 돌리기도 다 못 배웠는데. 며칠만 더 연습하면 다음 길거리 공연에는 참가할 수 있을 텐데. 이대로 죽는 건가?'

'왜 이제 들어오는 거냐? 지금이 몇 시야? 네가 정신이 나갔구나! 집구석에서 애나 잘 키울 것이지. 손자새끼라고 하나 있는 건 아르바이트하는 가게에서 돈이나 훔쳐서 경찰서에 불려 가질 않나, 쯧쯧.'

'왜 소리를 지르세요! 제가 일하다 들어오지, 놀다 들어와요? 아범만 살아 있었으면 제가 왜 이 시간까지 일을 하다 들어오겠어요! 태양이도 아빠만 있었으면 돈 훔칠 일도 없었겠죠!'

'뭐야? 아이고, 아비가 죽고 나니까 모두 나를 괄시하는구나. 아이고, 아비야! 왜 그렇게 일찍 갔니.'

아! 지긋지긋하다. 태양은 두 손으로 귀를 틀어막았다. 엄마도 할머니도 다 싫었다.

왜? 왜 내 생각은 아무도 안 해 주는 거지?

살고 싶지 않다.

살고 싶지 않다.

살고 싶지 않다.

'우리 태양이, 이리 오렴. 엄마가 만든 김밥이랑 샌드위치 좀 먹어 봐. 몇 달 만에 아빠가 쉬시는 거니까 우리 동물원에 가서 재밌게 놀자.'

'이번에는 정말이지 긴급 출동 명령이 없었으면 좋겠는데 말이야. 저번처럼 태양이 잔뜩 기대했다가 실망하면 너무 미안해서. 음, 이 샌드위치 정말 맛있는데. 태양아, 그래도 아빠가 열심히 일해서 우리 태양이 원하는 것도 다 사 주고 그럴 거니까 아빠 너무 미워하지 않기다?'

아, 행복하다! 어렸을 때 엄마 아빠랑 동물원에 가려고 맛있는 도시락을 싸던 때인가 보다. 꿈이라면 깨고 싶지 않아.

쿡쿡.

뭔가가 옆구리를 찔렀다. 태양은 눈을 감고 잠깐 상황을 파악해 보려고 애썼다.

'죽은 것 같진 않군.'

태양은 조용히 실눈을 떴다가 감았다.

"어, 이 형아, 눈 떴다!"

어린 꼬마 녀석이 태양이 침대 머리맡으로 뛰어올라 태양을 뚫어져라 쳐다보았다.

"현태야, 어서 내려와. 형아, 아직 아프니까 귀찮게 하면 안 돼!"

눈을 떠 보니 낯선 방이었다. 하지만 눈앞에 꼬마 녀석이 누구인

지는 생각이 났다. 현태는 아빠의 둘도 없는 친구이자 소방관 동료인 아저씨의 아들이었다. 아저씨는 아빠의 장례식장에서 누구보다도 아빠의 죽음을 슬퍼하셨다.

'그런데 내가 왜 아저씨네 집에 있는 거지?'

태양은 어떻게 된 영문인지 알 수가 없었다. 아저씨는 인자한 눈으로 태양을 보시며 물으셨다.

"배고프지? 뱃속에 있는 걸 전부 게워 냈으니 얼마나 배가 고프겠니. 그래도 당분간은 죽을 먹어야 한다는구나."

그제야 태양은 병원에서 호스를 입 안에 넣고 계속 쑤셔댔던 기억이 났다.

'죽지 않았구나.'

태양의 눈에서 또르르 눈물이 흘렀다.

'그런데 아까부터 바깥에서 들리는 시끄러운 소리는 뭐지?'

사회학이라는 학문은 19세기 중엽 오거스트 콩트라는 프랑스의 철학자가 계몽주의에 기초하여 만든 학문입니다.

중세의 무지몽매한 상태에서 깨어나 세상을 바로 보고 새롭게 인식할 것을 주장한 계몽주의는 신이 아닌 인간을 그 중심에 두었습니다. 계몽주의를 주장한 사상가들이 인간을 중심으로 내세운 데에는 객관적인 근거가 있었습니다. 과학의 발전, 종교개혁, 인본주의의 등장은 바로 인간의 힘으로 이루어 낸 결과물이었습니다.

이러한 변화로 인해 신에게 맹목적으로 의존하여 모든 것을 사고하고 행위를 하던 서구인들이 그 기본 축을 신에서 인간으로 이동한 것이었습니다.

그러면 인간의 어떠한 힘을 계몽주의자들은 신뢰하였을까요?

그것은 바로 인간이 가지고 있는 여러 가지 능력 가운데 특히 이성이었습니다. 그렇기 때문에 계몽주의를 이성 중심주의라고 부르기도 합니다. 다시 말해서 인간의 이성에 무한한 신뢰를 보내기 시작한 것이지요.

이러한 이성은 과학적 정신에 바탕을 둔 것이었습니다. 즉 계몽주의는 객관적이고 합리적이며 실증주의적인 과학의 정신에 기초한 것이었습니다. 따라서 콩트가 사회학을 창시하였을 때 사회학은 이러한 과학주의에 기초하여 형성이 되었던 것입니다.

19세기 중엽 사회학이 탄생한 후 사회학을 통해 사회의 변화와 발전을 연구하고자 하는 다양한 학자들이 등장하기 시작하였습니다. 뒤르켐 역시 사회에 관한 연구를 시작하였을 때 자연스럽게 콩트의 영향을 받게 되었습니다. 그는 사회학이 과학으로부터 영향을 받았지만 사회학만의 독특한 방법론과 시각이 있다고 보았습니다.

　뒤르켐은 도덕에 대한 관심, 개인의 존엄성에 대한 존중, 자유주의 등의 가치를 중요시하였으며, 사회학을 통해 사회를 분석할 때 도덕의 문제와 결합시켜 이해하고자 하였던 철학자였습니다.

2

아노미

자살은 개인이 참가하는 사회적 집단의 통합 정도에 반비례한다.

– 뒤르켐 –

아빠가 돌아가시고 정신적 혼란에 빠진 태양.
그만 나쁜 짓을 저지르게 되고, 그린캠프라는
곳을 가게 되는데…….
거기서 만나게 된 문제 아이들. 과연 이 아이
들이랑 친해질 수 있을까?

아빠가 미워요!

"아빠, 그런데 밖에 있는 사람들은 왜 저렇게 시끄러운 거예요? 이 형아 때문에 그런 거예요?"

"어…… 음…… 아니야. 현태야, 부엌에 가서 엄마한테 형아 먹을 죽 좀 맛있게 끓여 주세요, 하고 얘기 좀 해 줄래?"

"네, 아빠!"

태양은 아무 말도 할 수가 없었다. 자기가 무슨 짓을 하려고 했던 건지 지금은 생각하는 것만으로도 몸서리가 쳐졌다.

"태양아, 돌아가신 아빠가 밉니?"

아저씨가 태양의 머리를 쓰다듬으시며 말씀하셨다. 참았던 눈물이 왈칵 쏟아졌다. 목이 메어서 아무 말도 할 수가 없었다. 아저씨는 그런 태양을 조용히 안아 주셨다.

"그래, 그래. 얘기 안 해도 다 안다. 너희 아빠가 그렇게 되고 나도 얼마간 정신을 차릴 수가 없더구나. 정말 좋은 친구였는데……. 그래도 네 마음만 하겠니. 하지만 이거 하나만은 알아라, 태양아. 너희 아빠는 너를 많이 사랑했단다. 아빠나 내가 하는 일이 다른 사람의 생명을 소중히 생각하지 않으면 못하는 일이라 너희 아빠는 언제나 자기 몸 챙기는 건 뒷전이었단다. 이번에도 너희 아빠는 우리 모두가 말리는데도 기어이 들어가야 한다고 우리를 뿌리치고 들어가셨지. 죽을 걸 뻔히 알면서도. 하지만 너희 아빠는 정말 훌륭한 사람이다, 태양아. 자신을 희생해서 남의 목숨을 구한다는 건 요즘 사회에서 흔치 않은 일이잖니? 너희 아빠는 정말 대단한 사람이야. 절대 그것만은 잊지 말고……."

"뭐가 대단한 사람이라는 거예요? 자기 가족들이야 어떻게 되건 말건 관심도 없고, 남의 가족만 살린다고 그렇게 죽어 버리면 우리는 어떻게 살라고요! 자기만 영웅 대접 받으면 남은 사람들은 어떻게 하라고요! 그게 대단한 거예요? 그게 대단한 거라면 그런 아빠를 둔 아이들은 다 나처럼 되겠네요?"

태양은 아저씨를 밀치며 소리쳤다. 도저히 이해할 수 없었다. 남의 가족을 살리자고 영웅이 되어 죽고 나면 자신의 남은 가족들의 슬픔은 누가 알아준단 말인가?

"태양아!"

그때 방문이 열리고 엄마가 뛰어들어 오셨다. 엄마는 아저씨의 연락을 받고 울면서 여기까지 오셨는지 화장이 번진 눈가가 엉망이었다.

"너무 고마워요. 김 대원님 아니었으면 우리 태양이……."

엄마는 말을 잇지 못하셨다. 태양은 갑자기 아무것도 바뀌지 않은 현실이 무섭도록 싫었다. 아빠는 죽었고, 엄마는 아빠 몫까지 일하느라 지쳐 있고, 할머니는 갈수록 엄마와 싸우는 횟수가 늘고, 태양은 도둑질에 자살까지 하려고 했다.

도둑질을 하고 가게 아저씨에게 끌려 경찰서로 갔을 때, 연락을 받고 급하게 뛰어오신 엄마의 간곡한 부탁으로 태양은 주말 동안 무슨 캠프인가를 참가하는 것으로 잘못에 대한 벌을 대신 받기로 했지만 그래도 여전히 남아 있는 현실은 태양에게 벅찼다.

태양은 아저씨네 집에서 죽도 먹고 몸을 좀 추스른 후에 늦은 저녁 무렵 엄마와 함께 집으로 돌아왔다.

엄마는 태양과 이야기를 나누고 싶었지만 집으로 돌아온 태양은 아무 말도 없이 텔레비전 채널만 이리저리 돌리고 있었다.

그런데 채널을 돌리다 태양이 갑자기 텔레비전 쪽으로 바짝 몸을 숙였다. 텔레비전에서는 9시 뉴스가 나오고 있었고 한 기자가 어떤 집 앞에서 많은 기자 틈에 둘러싸여 이야기를 하고 있었다.

"얼마 전 아파트 화재 현장에서 한 가족의 생명을 구하고 자신은 차마 불길을 빠져나오지 못해 고귀한 생을 마감한 고 장영식 대원의 아들 장태양 군이 오늘 낮 12시경 자신의 집에서 음독자살을 시도하다 실패하여 병원으로 옮겨져 치료를 받았습니다. 제가 지금 서 있는 이곳은 고 장영식 대원과 평소 친하게 지내던 동료의 집입니다. 지금 장태양 군은 이곳에서 휴식을 취하고 있는 것으로 알려졌습니다. 장태양 군은 이제 초등학교 5학년 학생으로 아버지가 죽은 후 심한 정신적 고통에 시달려 온 것으로 알려지고 있습니다. 또한 아직 자세한 소식은 들어오고 있지 않지만 얼마 전 장태양 군이 평소 잘 알고 지내던 이웃집에서 돈을 훔친 것으로 알려져 또 한 번 충격을 주고 있습니다. 경찰에선 장태양 군이 아직 미성년자여서 처벌은 받지 않지만 주말 동안 정신훈련 캠프에 참가하게 될 것이라는 소식입니다. 우리 사회의 영웅인 아버지와 달리 문제아가 된 아들의 모습은 보는 사람들의 마음을 씁쓸하게 합니다. 지금까지 JBC뉴스 김영철이었습니다."

엄마와 태양이 모두 잠시 할 말을 잃었다. 아저씨네 집에서 들렸던 소란스럽던 바깥의 소리가 모두 태양에 대한 이야기를 떠들어 대는 신문사와 방송국의 기자들이었다니. 물론 엄마는 아저씨의 집으로 들어갈 때 기자들의 무리와 부딪혔지만 저녁 늦게 기자들을 피해 집으로 돌아오면 태양이 모를 것이라고 생각했다. 오늘 밤 바로 이렇게 뉴스에서 태양의 이야기가 나올 거라고는 엄마는 미처 생각도 못했다.

"태양아, 사람들이 떠드는 것 신경 쓰지 마. 돈이 더 필요하면 엄마한테 말해. 엄마가 태양이 용돈은 얼마든지 줄 수 있어. 엄마 그 정도 능력은 돼. 그리고 주말 동안 캠프 잘 마치고 오면 학교도 전학하고 집도 이사하고 그러자. 알겠지?"

엄마는 태양의 눈치를 살피느라 조심스럽게 말했다. 태양은 아무 말도 귀에 들어오지 않았다.

사회의 영웅인 아버지, 문제아 아들……

영웅인 아빠와 문제아인 아들·······.
과연 사회의 빛과 어둠으로 정해진 걸까?

뉴스에서 기자가 했던 이야기가 머릿속을 계속 맴돌았다. 아빠가 미웠다. 자기의 눈치를 보는 엄마도 미웠다. 아빠가 계실 때 태양이 잘못을 하면 호되게 혼내던 엄마가 그리웠다.

얼마 전 무리를 해서 얻은 집과 아빠의 장례 비용 등으로 많은 돈을 써서 분명 돈에 쪼들리고 있을 텐데도 태양에게는 그런 내색도 안 하고, 하고 싶은 말도 못하고 눈치만 보는 엄마 때문에 태양은 더 속이 상했다.

이렇게 가족을 힘들게 만들고 죽은 아빠를 사회의 영웅이라고 떠받드는 세상은 더더욱 싫었다.

② 정신의 방황

"아니, 그 아들 녀석 정말 문제아로군요. 자기 아빠는 얼굴도 모르는 사람들을 살리려고 자기 목숨까지 버렸는데 아들이라는 놈은 도둑질에 자살까지 하려고 하고. 아무튼 요즘 애들은 문제라니까요."

경제면이 사회면의 말이 끝나기가 무섭게 혀를 차며 요즘 애들을 욕하고 나섰다.

오늘 회의는 다른 때보다 일찍 시작되었다. 사회면 기자가 발

빠르게 취재를 마치고 기사를 넘겨서 마감이 일찍 끝났기 때문이었다.

사회면은 오늘만은 지각을 면해 떳떳하게 첫 번째 주자로 발표를 하고 나섰다. 태양의 자살 시도 소식은 단연 신문들 사이에서 최고의 토픽으로 꼽힐 만했다. 이제 겨우 초등학생인 아이가 스스로 목숨을 끊으려 했다는 것 때문에 신문들은 저마다 할 말이 많은 것 같았다.

"옛날에만 해도 어디 자살이라는 게 그렇게 흔했나. 다들 정신 상태가 헤이해져서 그래. 먹고 살기 바빠봐, 어디 죽겠다는 생각이 드나."

정치면이 거드름을 피우며 말했다.

"먹고 살기만 하면 다 되는 건가요? 사람은 밥만으로는 살 수 없는 거라구요. 문화생활도 좀 즐기고 그래야지."

문화면이 정치면을 흘긋 보며 새초롬하게 말했다.

"다들 문제를 너무 겉핥기 식으로 보고 있군요! 태양이가 도둑질을 하고 자살을 할 수밖에 없었던 이유에 대해 생각들을 좀 해 보시라구요!"

듣다 못한 사회면이 버럭 소리를 질렀다.

"뭐 이유랄 게 있겠어요? 돈이 필요하니까 도둑질을 했을 것이고 그것 때문에 엄마한테 혼이 날 테니까 죽을 결심을 했겠지요."

스포츠면이 뭐 오래 생각할 일도 아니라는 듯이 툭하고 말했다. 요즘 월드컵 대표 팀의 평가전이 한창이라 스포츠면은 다른 기사들에 신경 쓸 틈도 없이 바빴다.

"부모가 제대로 못 가르친 탓이겠지요. 요즘 부모들은 애들을 감쌀 줄만 알았지 제대로 교육할 줄을 모른다니까요. 귀한 자식일수록 매로 다스리라는 말도 있는데 말이에요."

오늘 회의에 처음 참석하는 가족특집면이 절레절레 고개를 저으며 말했다.

"요즘 초등학생들에게 한창 인기인 게임 시디를 사려고 그런 게 아니었을까요? 하루가 멀다 하고 정말 재밌는 게임 시디들이 쏟아져 나온답니다. 아, 내일은 또 어떤 게임 시디가 나올까요?"

광고면이 한껏 기대에 부푼 표정으로 이야기했다.

"뭐 사람이 죽는 데 이유가 있겠습니까? 아마도 그날의 바이오리듬이 최악이었겠죠. 그날그날의 기분 상태에 따라 사람들은 괜히 우울해지기도 하고 모든 것에 대해 비관적으로 생각하기도 하나 봅니다. 그래서 아침마다 저를 열심히 읽고는 운세가 나쁘게 나오면 하루 종일 거기에 얽매이고 신경 쓰느라 일을 망치는 사람도 많습디다."

오늘의운세면이 세상을 통달한 사람처럼 멀찍이 앉아 있다가 한마디 거들었다.

"그렇게 미신적인 얘기를 요즘 같은 최첨단 시대에 하세요? 제 소견으로는 장태양 군은 심각한 정신병적 장애를 가지고 있다고 판단됩니다. 아마도 조상 중에 태양 군처럼 정신적으로 장애를 가지고 있는 사람이 분명 있을 거란 말씀입니다. 그렇지 않고서는 저렇게 어린아이가 자살을 하려고 마음먹은 것을 설명할 방법이 없지요. 이상입니다."

전문의학면이 다른 신문들과 하나하나 눈을 마주치며 또박또박 자신의 의견을 이야기했다.

'저렇게 일목요연하게 이야기를 하면 마치 거짓말도 진짜인 것처럼 들릴 것 같단 말이야.'

신문들은 모두 이렇게 생각하는 것 같았다.

그때 논설면이 자리를 털고 일어나 앞으로 나왔다. 모두 소리를 죽이고 논설면을 주목했다. 이제 오늘의 회의를 마무리할 시간이 왔다는 뜻이었다.

"에, 여러분의 이야기 모두 잘 들었습니다. 오늘 일어난 장태양 군의 사건은 참으로 안타까운 일이 아닐 수 없습니다. 이제 거의 마무리 단계에 들어간 자살론 연재의 오늘 이야기가 바로 태양 군의 상황을 이야기해 주고 있으니 이제 여러분은 태양 군이 왜 도둑질을 했는지, 왜 자살을 하려고 했는지에 대해 더 이상 궁금해하지 않으셔도 되겠습니다."

논설면의 말에 신문들은 다시 웅성거리며 역시 우리에게 해답을 내려 줄 신문은 논설면뿐이라며 반가워했다.

"오늘 논설은 뒤르켐의 아노미에 대해 이야기하고 있군요. 에, 어디 보자."

논설면은 앞뒤로 펄럭이며 필요한 이야기를 찾았다. 그 사이 신문들은 아노미가 뭘까 귓속말을 주고받았다.

"뒤르켐은 현대사회에서 범죄라든가 청소년의 방황과 같은 일탈 문제 등이 왜 그렇게 많이 일어나는지 설명하기 위해서 아노미라는 말을 사용하였습니다. 아노미가 무엇일까요? 아노미는 규범이 없거나 무너지는 것, 즉 무규범 상태를 말합니다. 그럼 규범은 무엇입니까? 규범은 사람들이 어떤 행동을 할 때 그 행동의 기준이 되며, 그 행동을 옳거나 그르다고 판단할 수 있는 잣대가 되는 것을 말하지요. 그런데 이런 규범이 무너져 버리면 어떻게 되겠습니까? 옳고 그름을 판단할 수 있는 기준이 없어져 버렸기 때문에 사람들은 무엇이 옳고 무엇이 그른지 알 수 없는 혼란한 상태가 되어 버리겠지요. 이렇게 되면 사회는 혼란에 빠지게 됩니다. 그래서 돈을 훔치거나 물건을 훔치는 행위도 규범이 바로 서 있다면 당연히 처벌을 받아야 하는 일이지만 사회가 혼란해 규범이 무너지면 왜 처벌을 받아야 하는지도 알 수 없게 되는 것이겠지요? 사람들이 제대로 옳고 그름을 판단할 수 없는 이러한 상태를 정신적인 공황 상태라고 하며, 이것이 곧 아노미입니다. 그리고 바로 이러한 상태에서의 자살을 아노미적 자살이라고 하는 것입니다. 따라서 태양 군의 경우에는 심리적·정신적인 문제보다 사회적인 문제 속에서 자살의 이유를 찾을 수 있다는 거겠지요. 뒤르켐의 학설은 자살의 문제를 한 개인의 문제가 아닌 사회와의 관계 속에서 찾고 있다는 점에서 기존의 학설들과 차별성이 있습니다."

"그러면 정신적인 공황 상태라는 건 사회가 혼란해질 때 나타난다고 하셨는데 사회가 혼란하다는 건 뭘 말하는 거죠?"

문화면이 묻자 경제면이 그것도 질문이라고 하냐는 듯이 나서서 대답했다.

"아, 그거야 당연히 경제적으로 어려울 때를 이야기하는 거 아니겠습니까? 경제가 불황이면 사람들이 힘들어하잖아요. 자살률도 높아지고, 그렇지 않습니까?"

"꼭 그렇지만은 않은 것 같은데요. 경제가 호황일 때에도 사람들의 욕심은 끝이 없어서 남보다 더 가지려고 경쟁하느라 자신이 가진 것에 만족하지 못하고 불만이 쌓여 자살을 하는 경우도 많지요. 꼭 가난한 사람들이 자살을 하는 건 아니지 않습니까?"

사회면의 말에 경제면이 쩝, 하고 입맛을 다셨다.

"두 분 말씀 모두 맞습니다. 아노미적 자살에서 중요한 요인이 바로 경제적 요인이라고 합니다. 특히 경제가 좋지 않을 때 자살률이 높은 것도 사실입니다. 하지만 이것은 단지 물질적 빈곤 때문만은 아니지요. 태어날 때부터 가난했던 사람들은 오히려 자살률이 낮습니다. 반면에 경제가 좋을 때에는 자살률이 상승합니다. 따라서 경제적 상황 그 자체가 자살을 불러온다기보다는 사회가 변동하는 시기에 개인들의 사회 활동을 규제해 주던 규범이 무너지면서 그러한 결과가 오는 것이라고 볼 수 있겠지요."

"그럼 중요한 건 규범을 바로 세우는 일이겠군요?"

사회면이 무릎을 치며 말했다. 모두 수군수군 규범을 바로 세운

다는 것은 어떤 것일까에 대해 이야기했다.

"그러면 규범이 무엇인지부터 알아야 하지 않겠어요? 규범이란 법 같은 것이겠지요?"

문화면이 논설면에게 물었다.

"어디 보자…… 어디쯤 그 내용이 있더라. 아, 여기 있군요. 그렇습니다. 규범에는 법과 같이 강제력을 갖는 것도 있지만 식사 예절이나 옷 입는 법과 같은 일상생활에서의 에티켓도 규범의 일종이지요. 또한 우리나라 사람들이 효를 중요시하는 것과 힌두교도들이 소를 신성시해서 소고기를 먹지 않는 것 등도 모두 그 사회만의 중요한 도덕적 가치들이라고 할 수 있지요. 이러한 규범을 그 사회에 속한 사람들이 지켜야만 할 것으로 받아들이고 배우는 것을 사회화라고 합니다. 내가 속한 사회에서 요구하는 규범의 내용을 알면 자신이 하려는 행동이 옳은지 그른지를 판단할 때 중요한 잣대가 될 수 있겠지요? 그러면 왜 태양 군이 자살을 선택할 수밖에 없었는지 답이 나오지요."

딸각!

샤샤샥!

"아니 왜 신문들이 여기에 펼쳐져 있는 거야? 어라, 내일 신문이 우리나라는 동방예의지국!
효와 예를 가장 중요하게 생각하지!

힌두교를 믿는 대부분의 인도 사람들!
소로부터 나오는 우유와 버터,
게다가 소의 배설물까지도 신성시하지!

잖아. 이게 여기에 있으면 되나."

경비 아저씨는 주섬주섬 책상 위, 아래에 헝클어져 있는 신문들을 모아 아래층으로 내려갔다. 아저씨 팔 안에서 신문들은 저마다 답을 듣지 못해 폭, 하는 아쉬운 숨소리를 냈다.

③ 그린캠프로 가다

"주말 동안만 참고 있어, 태양아. 돌아오는 날 엄마가 데리러 나 갈게. 응?"

엄마는 태양의 짐을 챙겨 주며 걱정이 태산 같은 얼굴로 이것저것 끊임없이 이야기를 했다.

"인제 그만 좀 해! 내가 뭐 어린애야. 가방 이리 줘."

태양은 엄마 손에서 휙 가방을 채 갔다. 그린캠프로 가는 버스가 12시에 집 앞 버스 정류장으로 오기로 되어 있었다. 태양은 가방을 들고 발아래 돌들을 툭툭 차며 버스를 기다렸다.

그린캠프는 태양이 또래의 아이들이 나쁜 행동을 저질러도 미성년자라는 이유로 특별한 교육 없이 다시 좋지 못한 상황으로 빠지는 경우를 예방하기 위해 만든 그 지역 경찰서와 시민 단체의 자체 프로그램이었다.

멀리서 그린캠프의 버스가 오는 것이 보였다. 태양은 주변을 한 번 쓱 둘러봤다. 누구도 이 버스에 올라타는 자신을 보지 말았으면 하는 생각에 기어이 따라나서려는 엄마도 오지 못하게 했다.

버스가 태양이 앞에서 멈춰 섰다. 태양은 크게 한 번 심호흡을 하고 버스에 올라탔다. 어떤 아이들이 타고 있을까. 모두 무시무시한 아이들일 것만 같았다. 버스에 올라타서 쓱 한 번 둘러보니 태양의 생각과는 달리 버스 안에 타고 있는 열 명 안팎의 아이들은 모두 평범한 모습을 하고 있었다.

버스 안에 있는 아이들도 어떤 무시무시한 아이가 탈까 하는 눈으로 태양이 쪽을 쳐다보다가 그냥 평범한 아이구나 하는 눈으로 다시 각자 창밖을 보거나 노래를 듣거나 잠을 잤다.

대부분의 아이들은 각각 창가 쪽 자리에 따로 앉아 있었다. 태양은 잠시 머뭇거리다가 또래 남자 아이의 옆으로 가서 앉았다.

'인사라도 해야 하나?'

태양은 속으로 잠깐 고민했지만 옆 자리 아이는 태양을 흘긋 한 번 보고는 다시 창밖으로 눈을 돌렸다. 태양도 가방을 두 손으로 꼭 잡고 눈을 감았다.

버스는 한참 후 한적한 길을 달리고 있었다. 앞쪽으로 작고 아담한 공터를 가진 집이 보였다. 시골 학교 같기도 하고, 작은 관공서 같기도 했다.

버스가 서자 아이들은 하나 둘 가방을 둘러메고 버스에서 내렸다. 남자 아이, 여자 아이 반반 정도인 것 같았다.

"어서들 오너라, 허허허."

태양이와 아이들은 소리가 나는 쪽으로 고개를 돌렸다. 한 아저씨가 아이들을 웃으며 맞이했다. 시골 농부 같은 아저씨는 아이들을 집 안으로 안내했다.

아이들은 서로 서먹하기도 하고 낯선 곳에 온 것이 아직 적응이 되지 않았다. 아이들은 조용히 아저씨를 따라 집 안으로 들어가 각자 방을 안내받았다.

"자, 방에서 각자 짐들 풀고 쉬는 시간을 좀 가진 후에 부엌으로 오너라. 맛있는 간식이 기다리고 있으니까."

태양은 가방에서 이것저것 엄마가 싸 주신 옷이며 세면도구들을 꺼내어 책상 위에 두었다. 우연히도 버스에서 같이 앉아 온 아이와 한방을 쓰게 되었다.

"난 강영우야. 이틀 동안이지만 한방을 쓰게 됐으니 잘 지내자."

어쩐 일인지 버스에서는 본체만체하던 녀석이 먼저 인사를 해 오자 태양은 잠시 주춤했지만 손을 내밀고 악수를 청했다.

"그래, 난 장태양이야. 잘 지내자."

"넌 여기 왜 왔니?"

갑작스러운 질문에 태양은 할 말을 잃었다. 도둑질을 한 걸 얘기해야 하나, 죽으려고 약을 먹었다는 걸 얘기해야 하나. 고민하고 있는데 영우가 먼저 입을 열었다.

"난 집을 나갔다가 경찰한테 붙잡혔어. 엄마 아빠가 만날 싸우고, 돈 타령만 하는 게 듣기 싫어서 집을 나갔는데 막상 갈 곳도 없고 해서 집으로 들어가야겠다, 생각하고 있는데 경찰들이 날 잡는 거야. 알고 보니 엄마 아빠가 경찰에 신고를 해서 경찰들이 나를 찾고 있었던 거였어. 그래서 여기 오게 됐어. 그게 뭐 이런 데까지 와야 할 일이냐고. 사실 집 나간 게 이번이 처음이 아니긴 했지만 말이야, 헤헤."

영우는 굉장히 어른스러운 말투로 뭐 이런 일쯤 대수롭지 않다는 듯이 말했다.

"난 돈을 훔쳤어. 나도 내가 왜 그랬는지는 정말로 모르겠어. 그리고…… 약을 먹었어. 죽으려고……."

태양은 영우와 침대에 걸터앉아 아빠의 이야기를 했다. 처음 만난 아이한테 이런 이야기를 하게 될 줄은 몰랐는데 이상하게도 나를 모르는 아이라는 것 때문에 더 편하게 이야기를 할 수 있었다.

"정말? 야, 그래도 죽으려고까지 한 건 좀 심했다. 어, 끔찍하다. 하긴 저번에 여기서 만났던 애도…… 아차, 내 입으로 말해 버렸네. 난 사실 여기가 두 번째야. 저번에도 집 나갔다가 돌아왔더니 엄마 아빠가 날 여기로 보내더라고. 여기도 뭐 별거 없어. 그냥 여기 허허선생님이랑 좀 놀다가 아주머니가 해 주는 밥 먹고 쉬다가 가면 돼."

"허허선생님?"

"항상 허허! 웃으시더라고. 그래서 내가 붙인 별명이야."

영우는 끝도 없이 떠들어댔다. 태양은 배가 고프다는 영우와 함께 아래층 부엌으로 내려갔다.

"어서들 와라. 배고파 죽는 줄 알았네. 어서들 와서 밥들 좀 해!"

엥? '아주머니가 해 주는 밥만 먹으면 된다더니?' 하는 눈빛으로 태양은 영우를 쳐다봤다. 영우도 어찌 된 영문인지 모르겠다는 표정으로 어깨를 으쓱했다.

철학
돋보기

뒤르켐의 유명한 저서 가운데 하나가 바로 《자살론》입니다. 1897년에 출간된 이 책은 말 그대로 자살에 관한 연구서입니다. 그러나 일반적으로 자살의 문제를 다루는 연구는 심리학이나 정신의학에 한정되어 있지만 뒤르켐은 이 책에서 자살의 문제를 심리적·정신적인 문제로만 보지 않고 사회적인 문제로 보았다는 데에 큰 의미가 있습니다.

사람들은 흔히 자살은 지극히 개인적인 행동이고, 심리학의 틀 안에서만 이해될 수 있는 현상으로 인식해 왔습니다. 이러한 상식을 깨뜨리고 뒤르켐은 과감하게 자살의 문제를 사회적 시각으로 볼 것을 주장하였습니다.

뒤르켐은 조사를 통해 19세기 산업혁명을 거치면서 유럽 사회에서 갑작스럽게 자살률이 높아졌다는 것을 발견하였습니다. 뒤르켐은 이 원인을 사회적인 시각 속에서 찾고자 하였고 자살도 특정한 유형으로 분류할 수 있다고 믿었습니다. 자살하려는 사람이 의도한 결과로 자살이라는 행동이 나타나지만 그러한 자살자의 행위를 촉발시키는 사회적인 요인은 따로 있다는 것이 뒤르켐의 분석이었습니다.

뒤르켐은 자살을 네 가지 유형으로 분류하였습니다. 첫 번째가 이기적 자살, 두 번째가 이타적 자살, 세 번째가 아노미적 자살, 마지막 네 번째가 숙명론적 자살이었습니다.

이 중에서 뒤르켐이 가장 관심을 기울인 자살 유형이 바로 아노미적 자살이었습니다. 아노미적 자살은 사회가 규제를 제대로 못하거나 혼란 상태에 있을 때 발생합니다. 특히 뒤르켐은 이것이 경제적 위기 상황에서 주로 발생한다고 보았습니다.

경제 침체, 주식시장 붕괴, 가격 급등, 실업 사태 등 갑작스런 주변 상황의 위기는 개인의 기대와 욕구를 좌절시킵니다. 또한 경제 위기는 규범 판단에 대한 능력을 훼손시키며 가치의 기준을 흔들어 놓습니다. 이것이 바로 아노미이며, 이러한 상황에서 사람들은 목숨을 버리게 됩니다. 즉 아노미적 자살을 선택하는 것입니다.

우리나라도 1997년 외환 위기에 따른 실업 사태, 소득 감소에 따라 많은 사람이 목숨을 버린 경우가 있었습니다. 이러한 아노미적 자살은 최근에도 여전히 나타나고 있다고 볼 수 있습니다.

또한 뒤르켐은 경제적 호황기에도 아노미적 자살이 나타난다고 보았습니다. 뒤르켐은 경제 호황기에는 사람들의 욕구와 기대수준이 높아진다고 보았습니다. 사람들의 욕구의 수준이 높아지면 현실적인 욕구의 충족 수단과 여건도 함께 좋아져야 하지만 막상 현실은 그렇지 못하기 때문에 문제가 발생한다는 것입니다. 이렇듯 지나치게 강한 욕구와 욕망의 수준을 규제하고 통제할 규범이 없는 상황에서 사람들은 자살을 선택하게 되며 이것 역시 아노미적 자살이라고 말합니다.

3

사회

그릇된 종교는 없다.
- 뒤르켐 -

그린캠프에서 만난 아이들은 정체가 모호한 허허선생님이 시키는 대로 서로 도와 가며 점심 준비도 하고 밤에는 인디언 놀이도 하며 옆 사람과 함께하는 법을 알게 되고…….

① 함께하자!

아이들은 모두 어정쩡한 자세로 부엌에서 허허선생님의 지시만을 기다리고 있었다.

"허허, 왜들 나를 쳐다보고들 있니? 배고프다니까. 밥 다 되거든 불러라. 일해 주시는 아주머니가 하필이면 이번 주에 몸이 안 좋으셔서 말이야."

허허선생님은 식탁에 앉아 배를 쓸며 정말 배가 고파 죽겠다는 표정으로 아이들을 보며 씩 웃으셨다. 그러고는 일어나서 밥이 다

되면 부르라고 하시고는 위층으로 올라가 버리셨다.

아이들은 서로 쳐다보았다.

"자, 자, 우리 이러고 있을 게 아니라 뭐라도 좀 찾아보자. 나도 배가 고파 죽을 지경이거든. 너희도 그렇지 않니?"

모두 고개를 끄덕였지만 뭘 먼저 해야 할지는 아무도 몰랐다.

"일단 냉장고 좀 열어 보고 먹을거리들을 좀 찾자."

태양이 냉장고를 열었다. 냉장고 안에는 김치며, 각종 양념들, 고기에 생선까지 없는 것 없이 다 있었다. 물론 바로 먹을 수 있는 것들은 하나도 없었다.

일단 아이들은 냉장고에 있는 것들을 모두 꺼냈다.

"나 학교에서 삼치 굽는 법 배웠어. 내가 생선을 구울게."

얌전하게 생긴 여자 아이 하나가 생선 꼬리를 두 손가락으로 살짝 집어 들어 가스레인지 앞으로 갔다. 그러고는 찬장을 여기저기 열어 보더니 밀가루를 찾아 생선의 앞뒤에 묻혔다.

아이들은 고개를 끄덕이며 여자 아이가 하는 모양을 쳐다보았다. 모두 엄마가 집에서 생선을 구울 때 그렇게 하셨던 것을 생각하는 듯했다.

"자, 자, 우리도 하나씩 맡아서 해 보자고. 뭐 죽이 되거나 밥이 되거나 뭐라도 되겠지."

"난 배 안 고프니까 너희끼리 알아서 해. 난 올라가서 잘래."

영우의 너스레에 다른 아이들은 모두 고개를 끄덕였지만 새침한 여자 아이 하나는 바지에 손을 찔러 넣은 채 퉁명스럽게 말하고는 이층으로 올라가 버렸다.

"맘대로 해라! 체."

영우는 냉장고에서 김치를 꺼내서는 도마 위에 올려놓고 잘게 썰었다. 아마도 김치찌개를 만들려는 모양이었다. 태양은 냉장고를 한참 들여다보다가 계란이랑 부추랑 양파, 고추를 꺼냈다. 날씨가 흐리고 비가 올 때면 엄마랑 할머니가 부쳐 주시던 부추 부침개 생각이 났기 때문이었다.

다른 아이들도 쌀을 씻어서 밥통에 넣고, 계란을 풀어서 계란말이를 만들고, 저마다 한 가지씩 서툴지만 음식을 만드느라 정신이 없었다.

그러면서 아이들은 서로 어디서 왔는지, 왜 왔는지를 묻기도 하고, 학교에 가기 싫다는 얘기며, 어른들을 이해 못하겠다는 얘기들을 했다. 그러면서 아이들은 서로에게 마음을 여는 것 같았다.

태양이도 담배를 피우다 선생님께 걸려 여기로 오게 되었다는

정희와 인사를 했고, 학교에서 아이들에게 돈을 빼앗다가 오게 되었다는 병수와도 이야기를 나눴다.

'학교에서 만났다면 문제아라고 아는 체도 안 했을 애들인데……'

태양은 이렇게 만나서 이야기를 해 보니 모두 평범한 아이들인데 왜 그런 일들을 하게 되었을까 궁금했다.

'하긴 나도 내가 왜 그랬는지 모르겠는데……'

이제 하나 둘 아이들의 손에서 음식들이 완성되어 갔다.

"음, 냄새가 그럴 듯한데? 거의 다 된 건가?"

정말 냄새를 맡고 내려오신 건지 허허선생님은 코를 벌름거리며 식탁에 앉으셨다. 아이들은 얄미운 선생님을 보면서 입을 삐죽거렸다.

"그런데 위층으로 올라간 애는 어떡하지? 걔도 배고플 텐데."

태양의 물음에 한 여자 아이가 김치찌개의 간을 보다가 말했다.

"걔 좀 무서운 애더라. 오는 길에 들었는데 자살을 하려고 했대. 집도 부자인 것 같던데 복에 겨워서 그러는 거지 뭐, 체."

태양은 자살이라는 말에 뜨끔했다. 태양은 영우를 뺀 나머지 아이들에게는 자살에 대한 이야기는 하지 않고, 단지 돈을 훔쳐서 여기에 오게 된 것이라고만 이야기를 했었다. 그런데 자기처럼 자살을 하려던 아이가 또 있었다니.

영우가 태양의 마음을 알았는지 귓속말로 태양에게 말했다.

"걔 이름이 진희야. 내가 저번에 여기 왔을 때 만났다는 애. 또 죽으려고 했나 봐. 아무튼 미친 아이라니까."

태양은 아무래도 진희라는 애한테 가 봐야 할 것 같았다.

"야, 어디 가! 이제 찌개 조금만 끓으면 밥 먹어도 돼! 걔는 배가 부른 애라니까!"

영우가 소리치는 것을 뒤로 하고서 태양은 위층으로 올라갔다. 위층으로 올라가는 태양을 허허선생님은 흐뭇한 눈으로 바라보셨다.

똑똑!

"잔다고."

똑똑!

"잔다니까!"

태양은 잠시 주춤했지만 용기를 내어 빠끔히 문을 열어 보았다. 진희라는 아이는 귀에 이어폰을 꽂고 침대에 비스듬히 기대어 창밖을 보고 있었다.

태양이 침대 옆에 걸터앉자 진희는 조용히 태양을 쳐다보았다.

태양은 나가라고 소리라도 지르면 어쩌나 걱정했는데 다행이라고
생각했다.

"밥 안 먹니? 거의 다 됐으니까 내려가자."

"……."

"네 얘기 들었어. 자살하려고 그랬다며. 사실 나도…… 음……
혹시 신문에서 봤니? 우리 아빠는 이 사회를 위해 희생한 사람이
야. 한마디로 영웅이라고 할 수 있지. 우리 아빠는 소방관이었거
든. 그런데 얼마 전에 아파트 화재 현장에서 얼굴도 모르는 사람
들을 구하겠다고 뛰어들어서는 그 사람들은 살리고 아빠는……
아빠는 영웅이 된 거지! 하하하! 나는 영웅을 아빠로 둔 문제아인
거고. 하하하!"

태양은 괜히 큰 소리로 과장되게 웃으며 아빠의 이야기를 했다.
왠지 이 아이 앞에서는 이렇게 아무렇지 않게 아빠의 이야기를 할
수 있을 것 같았다.

"난 도둑질을 했어. 돈이 꼭 필요했던 건 아닌데 나도 내가 왜 그
랬는지 모르겠어. 그리고 자살도 하려고 했어. 사실 정말 죽고 싶
었던 건 아니었는지도 몰라. 그냥…… 소리치고 싶었어. 아빠가
밉다고. 내 옆에서 내가 커가는 모습을 봐 줘야 할 사람이 엄마를

힘들게 하고, 할머니를 힘들게 하고, 나까지 힘들게 하면서 남을 구한다고 목숨을 버린 걸 이해할 수가 없어. 너는 왜 자살하려고 했니?"

진희가 멍한 표정으로 태양을 쳐다보다 이어폰을 빼며 말했다.

"밥 안 먹는다는데 뭐라고 혼자서 떠드는 거야!"

이런…….

"너 내 얘기 하나도 안 들었냐? 후후!"

태양은 웃음이 났다. 진희가 자기의 얘기를 들었건 안 들었건 왠지 가슴속이 뻥 뚫리는 기분이 들었다.

"밥 먹으러 내려가자. 다시 죽으려면 일단은 살아야 할 거 아니야!"

태양은 진희의 팔목을 잡고 일으켜 세웠다. 진희는 짜증을 내기는 했지만 그래도 순순히 태양을 따라 아래층으로 내려왔다.

아래층에서는 아이들이 이미 식사 준비를 끝내고 식탁에 모여 앉아 둘이 내려오는 것을 지켜보고 있었다.

"야, 오진희! 밥 안 드신다며? 배는 고프신가 봐? 힘들게 밥 다 차려 놓으니까 드시러 내려오시네. 아이고, 비양심."

영우가 비꼬며 말했다. 진희는 너는 떠들어라 하는 얼굴로 영우는 쳐다보지도 않고 빈자리에 앉았다. 영우는 삐죽 입을 내밀었다.

"자, 모두 앉았으면 밥을 먹어 볼까? 내 밥은 특별히 많이 퍼라, 허허허."

음식을 만들 때는 내려와 보지도 않았으면서, 참 뻔뻔한 선생님이라고 태양은 생각했다.

'진짜 비양심은 여기 있었네.'

"음, 진짜 맛있는데. 이 찌개는 누가 끓였지?"

"제가요!"

영우가 으쓱하며 말했다.

"야, 이 삼치는 바삭하게 잘 구워졌는데. 허허허, 이 숨은 실력자가 누구냐?"

선생님은 아이들이 만든 음식을 하나하나 드시며 칭찬을 하셨다. 아이들은 음식을 먹으며 고개를 끄덕거리고 서로 이것도 먹어 보라고 권하면서 맛있게 밥을 먹었다.

② 나침반이 있다면

"요즘은 영 재미있는 기삿거리가 없지요? 매일 터지는 얘기는 우울한 얘기뿐이니, 사람들이 신문을 사 보겠느냐고요. 우리 자매지인 연예신문은 그래도 좀 팔리는 모양이던데. 한류가 대단하긴 한가 보더라고요."

"어디 요즘 사람들이 신문 읽을 시간이나 있나요. 그냥 인터넷으로 그날그날의 뉴스나 클릭해서 보면 모를까."

오늘 신문들은 모두 기운이 없어 보였다. 기운 나는 기삿거리가 없는 탓인지, 갑자기 추워진 날씨 탓인지…….

"왜요? 그래도 신문이 꼭 필요한 때가 있지요. 자장면 시켜 먹을 때 깔아야 하고, 길에서 잘 때 덮어야 하고. 히히히."

광고면의 농담에 모두 눈살을 찌푸렸다. 광고면은 머쓱해져서 뒤로 물러섰다.

"모두 모이셨군요. 지난번에는 한참을 이야기하던 중에 그만 투철한 직업 의식을 가진 경비 때문에 해산할 수밖에 없었지요. 오늘은 지난번에 하지 못한 이야기를 마무리할까 합니다. 에헴."

논설면이 신문들 앞으로 나서며 입을 열었다.

"맞습니다. 지난번에 태양 군이 자살을 하려던 이유에 대해 뒤르켐의 자살론을 바탕으로 실린 논설을 들려주시려고 하다가 경비에게 끌려…… 아니 회의가 해산되는 바람에 끝을 못 맺었죠."

맞아, 맞아. 여기저기서 신문들이 논설면의 이야기를 들으려고 바스락바스락 앞으로 모여들었다.

"뒤르켐은 개인이 사회의 영향을 받는 존재라고 하였습니다. 따라서 개인의 행동이나 생각은 개인이 속한 사회의 영향을 받을 수밖에 없는 것이지요. 즉 태양 군의 자살 시도도 사회와 개인과의 관계 속에서 생각해 보아야 한다는 것이지요. 예를 들면, 아랍에서는 한 남자가 여러 여자를 아내로 맞이할 수 있는 일부다처제가 허용이 되어 있습니다. 하지만 우리 사회에서는 일부일처제가 법으로 정해져 있지요? 혹시 일부다처제를 원하는 사람이 있다 하더라도 한국 사회에서 한국인들은 일부일처제의 관습을 자연스럽게 따르지요. 즉 내가 살고 있는 사회가 정한 일부일처제의 결혼 제도가 그 사회 안에 살고 있는 개인을 구속하고 지배하는 것이지요. 이처럼 개인의 행동과 생각을 직접적으로, 또 간접적으로 지배하고 구속하는 힘을 사회적 사실이라고 한답니다."

"하긴 요즘 사람들이 아무리 자유롭고 개성이 넘친다고 해도 혼자 섬에서 사는 게 아니라면 그런 사회적 사실들을 무시할 수 없겠죠. 언젠가 버스에 타는 아저씨의 손에 들려 같이 버스를 탄 적이 있었는데요, 이 아저씨가 멀쩡히 신문을 읽다가 갑자기 눈을 감고 자는 거예요. 아! 일하느라 피곤하신가 보다 하고 생각했는데, 글쎄 알고 보니 꼬부랑 할머니가 버스에 탔는데 자기 앞으로 와서 서니까 자리를 양보하기가 싫어서 자는 척했던 거죠. 결국 뒷자리에 앉았던 학생이 일어나서 자리를 양보하더라고요. 그런데 그 버스에 탔던 사람들 모두 그 아저씨가 버스에서 내릴 때까지 노려보는 거 있죠, 호호호. 이런 것이 사회의 힘이 아니겠어요?"

문화면이 혼자서 신이 나 까르르 웃으며 말했다.

"네, 맞습니다. 그런 것도 모두 개인이 사회 속에서 사회의 영향을 받으며 살고 있다는 증거이지요. 사회가 정한 규범은 이렇게 예의에서부터, 강제적인 법까지 다양합니다. 개인은 사회 속에서 알게 모르게 이러한 규범들의 영향을 받는 것이지요. 이렇게 사회가 요구하는 기준들이 흔들리지 않아야 그 사회 속에 사는 개인들이 흔들리지 않겠지요? 마치 배가 항해를 할 때에 나침반이 배의 항로를 결정짓는 중요한 척도가 되는 것처럼 말입……."

"아! 이제 알겠습니다. 그러니까 태양에게는 나침반이 되어 줄 기준들이 없었던 거로군요! 아빠가 돌아가신 후 태양의 엄마도 할머니도 정신적으로 혼란한 상태였을 테니 태양에게 제대로 된 가치관을 심어 줄 수가 없었겠지요. 맞지요?"

사회면은 드디어 태양이 방황한 원인을 알아내어 마음이 편한 모양이었다.

"그렇습니다. 태양에게는 부모님이 만들어 놓으신 가족이라는 울타리가 작은 사회였던 셈이지요. 아빠가 살아 계셨을 때 바빠서 자주 태양과 지내지는 못했더라도 태양에게 아빠라는 존재는 나침반과 같았겠지요. 또한 이제 유일하게 태양을 사회와 연결해 주는 연결 고리인 엄마와 할머니도 태양에게 제대로 된 가치관을 심어 주지 못하고 있으니 태양은 더욱 혼란스러웠겠지요. 그래서 도둑질을 하고, 자살까지도 생각하게 된 것일 테고요."

모두 심각하게 고개를 끄덕이며 논설면의 이야기에 공감했다.

"개인이 자신이 속한 사회에 얼마나 소속감을 가지고 있느냐에 따라 자살률도 차이를 보인다는 통계가 나와 있군요. 결혼을 하지 않은 미혼자의 자살률은 같은 나이의 결혼을 한 기혼자의 경우보다 더 높다고 합니다. 왜냐하면 결혼을 통해 개인은 사회로부터 더 많은 책임과 의무를 부여받기 때문에 스스로 자신의 삶을 쉽게 포기할 수 없게 만들지요. 태양이 엄마의 경우도 남편이 죽고 나서 얼마나 괴로웠겠습니까? 하지만 태양이라고 하는 자신이 책임져야 할 아이를 생각하며 꿋꿋이 살고 있는 것이겠지요."

"그런데 뒤르켐이 살던 시대가 도대체 언제인데 그 시절에 아노미적 자살이라는 걸 생각했을까요? 뒤르켐의 시대에도 아노미적 자살이라는 게 있었나 봐요?"

문화면의 질문에 다른 신문들도 모두 고개를 끄덕이며 궁금해했다.

"옛날 고대의 벽화에도 '요즘 애들 버르장머리가 없다'라고 쓰여 있다고 하잖아요. 뒤르켐인지 누군지가 살던 시대가 아무리 지금보다는 덜 발달된 시대였다고 해도 분명히 어느 시대, 어느 사회나 혼란한 이유는 있지 않겠어요?"

오늘의운세면이 뚱한 표정으로 말했다.

"어디 보자…… 아, 여기 있군요. 뒤르켐이 살던 시대의 유럽은 19세기 말 산업화와 근대화로 매우 급격한 변화를 겪던 시대였다고 하는군요. 농업을 위주로 하는 공동체 문화가 파괴되고 도시가 성장하면서 도덕과 전통이 무너지자, 부자와 가난한 사람들 간의 불평등이 생기고, 경쟁과 이기주의 등이 사회에 퍼지면서 자살률이 증가하게 되었다고 합니다. 내일의 논설은 여기까지로군요. 에헴."

논설면은 긴 이야기를 마치자 편히 몸을 접고 한쪽으로 물러나 앉았다.

"도대체 태양이네 가족이 앞으로 어떻게 살게 될지 참……. 그런데 태양이 주말 동안 그린캠프를 갔다죠? 그린캠프에 계신 허 허선생님께서 우리 신문에 논……."

딸각!

후닥닥, 샤샤샥!

"아함, 피곤하다. 회의실에서 눈 좀 붙여야겠네. 도대체 국제부 김 기자는 왜 기사를 안 보내 주는 거야. 집에도 못 들어가게."

최 기자가 회의실 의자를 모으더니 바닥에 숨은 신문들을 하나둘 모으기 시작했다.

신문들은 최 기자의 손에 잡히지 않으려고 힘주어 바닥에 붙어 있으려 했지만 소용없었다.

'최 기자는 하필 이때 들어올 게 뭐람!'

'중요한 이야기 중이었는데 맥이 끊어졌잖아.'

'아무튼 눈치도 없어요!'

신문들은 제각기 속으로 투덜거렸다.

결국 그들은 최 기자의 다리, 배, 머리 위에 얹혀 새벽을 맞이해야 했다.

수다쟁이 신문들을 덮고 자는 우리의 최 기자!
우리 사회의 정치·경제·문화 모두 잘 되어
정말 편안히 잘 수 있을텐데…….

❸ 한밤의 인디언 놀이

"어서들 나오라니까. 왜 이렇게들 굼뜨냐. 허허허, 녀석들."

늦은 밤 아이들의 얼굴에는 졸음이 덕지덕지 붙어 있는데 허허 선생님은 뭐가 혼자 그리도 신이 나시는지 앞마당에 장작을 모아 오고, 쌓고 하느라 분주하셨다.

"이게 뭐예요? 캠프파이어 같은 것 시시해요. 그냥 잠이나 자게 두지."

역시 영우가 나서서 불만을 털어놓았다.

그래도 허허선생님은 듣는 둥 마는 둥 콧노래까지 부르시며 장작을 쌓는 데 여념이 없으셨다.

드디어 장작에 불이 붙자 아이들은 하나 둘 불기둥 옆으로 모여들었다. 따뜻한 불기둥에 손도 뻗어 보고, 선생님께서 가져오신 고구마도 구우며 시큰둥했던 처음과는 달리 아이들은 점점 기분이 좋아지는 것을 느꼈다.

"자, 그럼 우리 둘로 편을 나눠서 인디언 놀이를 시작해 볼까?"

"인디언 놀이요?"

아이들은 웅성대기 시작했다. 또 뭐야, 하는 표정들이었다.

"우리가 모두 열 명이니까 다섯 명씩 나눠서 각자 부족을 만들도록 하자. 옛날 부족 사회에서는 숭배하는 것이 다양했으니 서로 숭배하는 대상도 정하고. 아, 그전에 각자의 이름부터 정해야겠구나. 허허허."

아이들은 마땅찮은 표정으로 편을 나누어 섰다.

"텔레비전에서 봤는데 인디언들 이름은 엄청 길어요. '주먹 쥐고 일어서' 같은 이름을 가진 인디언도 있더라고요!"

한 아이가 아는 척을 하며 말했다. 다른 아이들도 그쯤은 안다는 표정이었다.

"그래 맞다. 인디언들은 아기가 태어나면 인디언 공동체의 사람들이 모두 모여 그 아기에게 의미 있는 독특한 이름을 지어 준단다. 그래서 인디언들의 이름은 모두 길고 저마다 특별한 의미가 있지. 자, 그럼 서로 옆 사람의 이름을 그 사람의 이미지에 맞게 한번 지어 볼까?"

허허선생님의 말에 아이들은 서로 옆 사람을 쳐다보며 어떤 이름을 지어 줄까 고민에 빠졌다.

"좋아, 철규. 너는 아까 밥 먹을 때 보니까 엄청 먹어 대더라. '세상에 먹는 것만이 전부는 아니다' 어때?"

"그러는 너는 아까 장작 몇 개도 무거워서 낑낑대며 들고 왔으니까 '힘들여 낳아 놓으니 인생에 도움이 안 돼' 어때?"

아이들은 두 아이의 이야기를 듣고 낄낄거리며 웃어 댔다.

"태양이 너는 내가 지어 줄게. 음, '영웅에게서 나서 세상의 태양이 되다' 어때? 어때? 와, 내가 생각해도 끝내 준다!"

영우가 태양의 이름을 지어 놓고 혼자 도취되어 떠들었다. 하지만 태양은 그 이름을 듣는 순간 누군가가 가슴 한쪽을 쿡쿡 찌르는 것 같은 아픔을 느꼈다.

"야, 얼른 내 이름도 지어 줘야지."

영우의 재촉에 태양은 영우를 쳐다보며 생각에 잠겼다.

"음, '그래도 부모님이 있어서 행복한 이'……."

"……."

영우도 아무 말이 없었다. 태양은 영우를 보며 씩 웃었다. 영우도 태양을 보며 씩 웃었다.

"내 이름도 좀 지어 줘 봐."

한쪽에서 무관심한 표정으로 아이들을 지켜보던 진희가 태양을 보며 말했다.

"야, 너야 하나밖에 더 있냐! '죽지 못해 환장……' 아, 왜 쳐!"

태양이 영우의 다리를 세게 한 번 쳤다. 이번에도 진희는 너는 떠들어라 하는 얼굴로 영우는 쳐다보지도 않았다.

"음, '아름다운 세상에 태어나 멋지게 사는 이……' 어때?"

"누가 나한테 설교하래? 이름 지으랬지. 체, 그렇게 아름다운 세상인데 왜 죽으려고 했대."

진희는 삐죽거리며 얘기를 하다 아차! 하고는 태양의 눈치를 살폈다.

"뭐야, 너 다 들었던 거야? 그랬구나. 그런데 왜 못 들은 척했냐?"

태양은 괜히 머쓱해졌다.

"그런데 너는 왜 그렇게 죽으려고 하는 거야? 애들 말로는 집도 부자고, 공부도 잘한다는데."

"그러니까 배가 불렀다는 거지. 우리 집은 찢어지게 가난해도 난 죽으려고 한 적은 없다! 그게 얼마나 불효인지 아냐?"

"아주, 이영우! 너나 잘해, 자식아!"

태양과 영우는 괜히 툭툭 쳐 가며 '너나 잘하셔'를 연발했다.

진희는 둘을 쳐다보다 조용히 입을 열었다.

"난 엄마 아빠한테 용돈보다 사랑을 받고 싶어."

진희의 한마디에 태양과 영우는 얼음처럼 얼어붙었다.

"난 비싼 과외보다 관심을 받고 싶어."

진희는 무덤덤하게 이야기했다. 하지만 영우와 태양은 뭔가에 얻어맞은 것처럼 멍한 표정이 되었다. 셋이 멀뚱거리며 서 있는데 선생님이 아이들을 불러 모으셨다.

"자, 자, 모두 이름들을 지었으면 부족 이름도 지어야지. 부족 이름은 그 부족이 숭배하는 대상의 이름을 따서 짓는단다. 그러한 숭배의 대상을 토템이라고 하는데, 토템은 부족마다 다르고, 동물, 식물 등 그 대상도 다양하지. 자, 부족 이름을 무엇으로 하겠니?"

아이들은 이제 완전히 인디언 놀이에 빠져들었다. 서로들 좋아하는 것들을 토템으로 하겠다고 난리였다.

결국, 곰 부족과 달 부족으로 이름을 정한 아이들은 어디서 가져왔는지 머리에 나뭇가지도 꽂고 얼굴에 진흙도 바르고 제대로 인디언 놀이를 시작할 준비를 마쳤다.

"좋다! '세상에 먹는 것만이 전부는 아니니라'여! 오늘 밤 우리의 곰 신께 제사를 올릴 것이니 옆 마을의 달 부족에게 가서 먹을 것과 곰 신께 바칠 제물을 좀 구해 오도록 해라!"

영우가 마치 부족의 제사장처럼 큰 나뭇가지 하나를 손에 들고 외쳤다.

"네. '그래도 부모님이 있어서 행복한 이' 님이시여, 제가 달 부족에게 가서 먹을 것과 제물을 구해 오겠습니다."

철규는 용맹한 전사처럼 일어나 태양과 진희, 허허선생님 등이 있는 달 부족을 가리키며 말했다.

"음, '영웅에게서 나서 세상의 태양이 되다'여, 걱정 마십시오. 저에게 좋은 수가 있습니다."

진희는 태양과 아이들, 선생님과 동그랗게 모여 뭔가를 속삭였고, 진희의 이야기를 들은 달 부족 아이들은 곰 부족 아이들을 보며 씩 웃었다.

곰 부족 아이들은 달 부족 아이들이 무슨 이야기를 하는지 너무 궁금했지만 아무리 가까운 거리여도 속삭이는 소리가 들릴 정도는 아니었다.

"기다려라, 달 부족! 나 용맹한 '세상에 먹는 것만이 전부는 아니니라' 가 간다!"

철규는 마치 손에 창이라도 든 듯한 시늉을 하며 달 부족 쪽으로 달려갔다.

그런데 뭔가 큰 계략이라도 있는 줄 알았던 달 부족은 환하게 웃으며 달려오는 철규를 쳐다볼 뿐이었다.

"어서 오시지요, 기다리고 있었습니다. 오시느라 고생이 많으셨을 텐데 앉으셔서 저희가 마련한 잔치를 즐기시지요."

진희는 이렇게 말하며 허허선생님께서 챙겨 오신 간식거리들을 꺼내 놓았다. 마침 출출하던 차라 철규는 고민이 됐다. 이 음식을 빼앗아서 곰 부족으로 가져가야 하나, 아니면 그냥 여기 앉아 먹을까.

결국 철규는 배고픔 앞에 무릎을 꿇고 달 부족의 잔치에 끼기로 했다. 영우와 곰 부족 아이들은 황당한 표정이었다. 그때 진희가 다시 태양에게 귓속말을 했고 태양은 알겠다는 듯이 고개를 끄덕였다. 진희는 일어서서 곰 부족에게로 갔다.

"너는 달 부족의 '아름다운 세상에 태어나 멋지게 사는 이'가 아니냐. 여기는 무슨 일로 왔지?"

영우는 이 놀이에 완전히 빠진 것 같았다. 처음에 시큰둥했던 모습은 온데간데없이 가장 열심히 놀이를 즐겼다.

태양과 달 부족 아이들은 맛있게 간식을 먹으며 두 사람의 재미있는 모습에 킥킥거렸다.

"'그래도 부모님이 있어서 행복한 이'님, 저희 달 부족의 족장님이신 '영웅에게서 나서 세상의 태양이 되다'님께서 저희 부족의 제사장으로 모시고 싶다고 하시니 허락해 주시지요. 저와 함께 가시면 성대한 잔치가 기다리고 있을 것입니다."

진희가 영우에게 머리를 조아리며 말씀하셨다. 영우는 흘끔 달 부족 쪽을 쳐다보았다. 태양과 아이들은 음식이 맛있어 죽겠다는 표정으로 곰 부족 쪽을 쳐다보았다.

"좋다, 좋아! 당신네 족장의 뜻을 받아 드리지. 하지만 나는 달 부족으로 가서도 곰 신을 모실 것이다! 자, 모두 일어나라!"

영우와 곰 부족 아이들은 자리를 털며 일어났다. 하지만 진희가 아이들을 막아섰다.

"그렇다면 안 되겠습니다. 저희 부족은 동물은 숭배하지 않습니다. 그럼 없었던 일로 하지요."

"아! 잠깐, 잠깐. 알았어요, 알았어. 생각해 보니 나도 곰은 별로 좋아하지 않아요. 미련해서요. 갑시다, 가요. 모두 그렇지?"

태양과 진희, 달 부족 아이들, 그리고 허허선생님은 영우의 너스레에 참았던 웃음을 터뜨렸다. 결국, 영우는 먹을 것에 자신의 부족의 신을 버리고 달 부족으로 건너왔다.

"인마! 네가 우리를 버리고 가는 바람에 어차피 나 혼자 부족을 끌어갈 수는 없으니까 온 거야."

영우는 철규의 머리에 알밤을 놓으며 달 부족의 텐트 앞에 앉아 고구마를 하나 집어 들었다.

"에이, 간식 때문에 왔다고 솔직히 말해."

태양이 다 안다는 듯이 말했다. 달 부족과 곰 부족 아이들은 다시 한 번 크게 웃었다.

"자, 그럼 우리 달 부족에 새로운 식구들도 생겼으니 달 신에게 감사의 제사를 드립시다!"

지금처럼 우리가 서로 어우러져 평화롭게 살아간다면,
슬픔도, 방황도, 눈물도, 아픔도……,
자살 같은 어리석은 행동도……
모두 다 사라질 거야…….
아름다운 세상은 우리가 만드는 거니까~

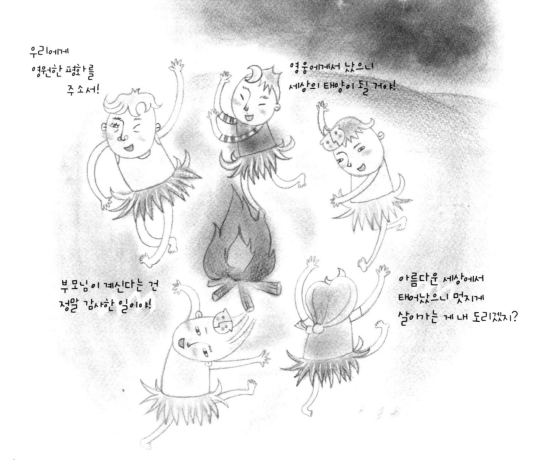

우리에게
영원한 평화를
주소서!

영웅에게서 났으니
세상의 태양이 될 거야!

부모님이 계신다는 건
정말 감사한 일이야!

아름다운 세상에서
태어났으니 멋지게
살아가는 게 내 도리겠지?

태양이 벌떡 일어서며 소리쳤다. 다른 아이들도 모두 함께 일어나 손에 잔가지며, 손전등, 옥수수 등을 들고 불 주위로 둥그렇게 모였다.

태양이 하늘의 달을 쳐다보며 소리쳤다.

"달 부족에게 영원한 평화를 주소서!"

"주소서!"

태양의 외침에 맞춰 모두 합창을 했다. 그리고 누가 먼저랄 것도 없이 신나게 인디언 소리를 내며 불 주위를 돌았다. 모두 아주 오랜 옛날 달 부족이 다시 살아온 것처럼 밤이 깊어 가는 줄 모르고 열정적으로 춤을 추었다.

　뒤르켐은 사회의 요구에 부응하는 도덕적 의무감을 개인의 내부에 만들어 내는 하나의 힘으로서 종교를 연구하였습니다. 그가 종교를 연구하게 된 또 하나의 동기는 사회질서를 지탱해 주는 원리에 대한 관심이었습니다. 과거 원시시대처럼 종교가 다양하지도 않고 발전하지도 않은 비종교 시대에도 종교의 기능적 대체물이라고 할 수 있는 그 무엇을 추구하고 있었다고 뒤르켐은 보았습니다.

　종교는 개인의 목적을 초월해 윤리적인 목표를 위한 공동의 헌신을 요구하는 강한 힘이 되어 왔습니다. 뒤르켐은 개인적 현상으로서가 아니라 집합적 현상으로서의 종교현상을 강조하고 있습니다. 그는 종교를 '구분되거나 금지되어진 것과 관련된 신념과 행위의 단일화된 체계―그것을 따를 모든 사람들을 교회라고 하는 단 하나의 도덕적 단체에다 통합시키는 신념과 행위의 체계'라고 정의합니다. 그래서 뒤르켐은 개개인의 다양한 종교적 경험에 관심을 두지 않고 종교적 행위에 참여함으로써 나타나는 집합적 행위와 공동의 유대에 관심을 두고 있습니다.

　뒤르켐은 종교는 사회적 산물일 뿐만 아니라 실제로 성스럽게 된 사회라고 주장합니다. 종교는 명백히 사회적인 것입니다. 그것은 사회적 맥락 속에서 일어나며, 더욱 중요한 것은 사람들이 신성한 것을 찬양할 때 그들도 알지 못하는 사이에 그 사회의 권력을 찬양하게 된다는 것입니다.

종교의식은 사람들을 결속시켜서 그들 간의 공동의 유대를 재확인하게 하고 사회적 연대를 재강화시킵니다. 종교적 계율은 집단의 사회적 유산을 유지하고 재활성화시키며 그것의 지속적 가치를 이후의 세대에게로 전승시켜 줍니다. 또한 종교는 신도의 기쁜 마음과 그들이 속한 도덕적 세계의 기본적인 정당성에 대한 생각을 재확인시켜 줌으로써 좌절감, 상실감에 대항할 수 있도록 하는 일종의 도취적인 기능을 가지고 있습니다.

뒤르켐은 현대사회에서 종교의 영향력이 약화되고 있고 사회 통합이 위기에 빠지고 있다고 보았습니다. 과거 씨족사회에서 종교가 곧 도덕이었듯이 현대의 이기주의를 극복하고 사회 통합을 할 수 있는 정신적 에너지로서 뒤르켐은 도덕의 힘을 회복할 것을 강조하고 있습니다.

4

도덕

교육은 성인 세대가 아직 사회 생활을 하지 않은 어린 사람들에게 행사하는 영향력이다.

– 뒤르켐 –

그린캠프에서 돌아온 태양은 우연히 엄마의 비밀을 알게 되고……. 아빠의 뜻을 따라 태양이도 작은 영웅이 될 수 있을까?

① 도덕의 힘

댕! 댕! 댕!

샤샤샥! 샤샤샥! 빡!

"아이코!"

"아야!"

촤라락!

신문들이 일렬로 회의실로 들어오다가 맨 앞에 섰던 신문이 무언가에 세게 부닥치며 쓰러지는 바람에 뒤에 섰던 신문들도 모두 함께 바닥에 쓰러져 버렸다.

"에이, 뭐야! 누가 얼른 불 좀 켜 봐요!"

회의실로 제일 먼저 들어선 정치면이 재빨리 불을 켰다.

이런! 회의실 바닥에 대자로 뻗은 강 기자가 코를 골며 자고 있었다.

신문들은 재빨리 다시 불을 끄고 회의실 복도를 지나 부엌이 딸린 휴게실로 들어갔다.

"하여튼 강 기자는 저 술버릇 못 고치면 장가 못 간다니까. 아유, 아직도 다리가 후들거리네."

"어머머, 여러분 발밑 조심해요. 물이 흥건하네. 어머, 난 몰라. 다리가 다 젖겠네."

문화면이 펄럭펄럭 호들갑을 떨며 물에 안 젖으려고 안간힘을 썼다.

"모두 식탁 위로 올라와요. 여기는 반찬 냄새가 좀 나긴 하지만 물은 없어요."

광고면을 따라 모두 식탁 위로 올라갔다.

"웁스! 오 마이 갓!"

"영어 신문들이잖아!"

식탁 위에는 어제의 영문판 신문들이 좍 펼쳐져 있고 군데군데 반찬이며, 커피며, 지저분하게 얼룩이 져 있었다.

"참, 사람들은 이해할 수가 없어."

"맞아. 좀 안 흘리고 먹을 수 없나? 아님 신문 말고 다른 걸 좀 깔든지 말이야."

신문들은 착잡한 기분이 되어 어제의 신문들을 걷어 내고 식탁 위에 자리를 잡았다.

"자, 자, 그만들 흥분을 가라앉히시고 특별한 이야기가 없으시면 제가 오늘의 논설을 시작하지요. 에헴."

논설면이 신문들을 다독이며 앞으로 나서자 문화면이 톡 끼어들었다.

"맞다, 맞다, 지난번에 태양이 그린캠프에 갔던 얘기까지 했죠? 허허선생님이 있는 그린캠프요."

"허허선생님은 논설 쓰시랴, 캠프에서 아이들과 지내시랴, 많이 바쁘시겠어요. 그래 아이들은 어떻게 지냈데요?"

"아마도 선생님은 아이들에게 사회라는 공동체의 중요성과 뒤르켐이 이야기한 사회 안의 도덕의 힘에 대해 알려주시고 싶었던 모양입니다. 아이들과 인디언 놀이를 하셨다고 하네요."

"엥? 웬 인디언 놀이요? 그게 도덕하고 무슨 상관이랍디까?"

구석에서 졸고 있던 오늘의운세가 게슴츠레한 눈을 비비며 말했다.

"에, 어디 보자. 뒤르켐은 종교와 사회의 가장 원초적인 형태를 연구하면 현대사회의 복잡한 사회적 현상들을 발생시키는 근본적인 원인을 이해할 수 있다고 보았답니다. 그래서 뒤르켐은 가장 원초적인 오스트레일리아 원주민의 토템 종교와 사회를 연구했지요. 이 원주민들은 혈연관계가 없음에도 같은 토템 아래 같은 이름을 가졌다는 이유만으로 서로 친척으로 생각하였습니다. 토템은 부족마다 달랐습니다. 어떤 씨족은 동물이 토템이었고, 어떤 씨족은 나무, 달, 태양 등이 토템이었지요. 이 원시 부족들에게 토템은 신성한 것이었고 친숙한 것이었습니다. 이러한 성스러운 토템들은 부족의 특징을 잘 보여 주었고 그 사회의 구성원들에게는 매우 소중한 것이었답니다."

"토템이요? 알죠, 알죠, 알고말고요! 토템은 환상의 섬 각 던전의 왕들이 일정 확률로 드롭 하는 아이템으로, 다섯 가지 종류가 있지요. 바람, 땅, 불, 물, 번개요! 아이, 바람의 나라는 질리지 않는 재미가 있는 게임이라니까요."

"······."

"······아, 아닌가요?"

광고면의 생뚱맞은 소리에 모두 잠시 할 말을 잊었다.

"아, 그럼, 다시 토템 이야기로 돌아가 볼까요? 토템의 대상은 말씀드린 대로 그 사회의 구성원들에게 매우 성스럽게 여겨지는 것들이었답니다. 모든 종교가 성스러운 것은 숭배하고 세속적인 것은 금기시하지요. 가령 기독교에서는 십자가나 성경 등을 성스럽게 여기고 도박이나 술, 담배 등을 세속적이라고 하여 금기시하지요. 특히 토템의 대상인 성스러운 것들은 종교 행사를 통해 매우 소중하게 다루었고 세속적인 것을 행할 때는 가혹한 처벌을 내리기도 하였답니다. 따라서 원시 부족들은 종교를 통해서 좋은 것과 나쁜 것, 숭배해야 할 것과 금기시해야 할 것을 구분하였고, 이 구분은 사람들의 머릿속에 깊게 새겨지게 되지요. 이것이 하나의 사회적 질서가 되는 것이고요."

"맞습니다. 원시 부족들에게는 종교가 곧 법이고 삶 자체였지요. 특히 원시 부족들은 종교 행사를 통해 토템의 중요성을 알리고, 집단의 구성원들을 통일시켜 이들에게 비슷한 사고방식을 심어 줄 수 있었지요."

국제면이 점잖게 나서며 말을 이었다.

"토템의 대상이나 종교의 이념은 누구나 이해할 수 있고 볼 수 있는 대상인 경우가 많습니다. 그래야만 구성원들 모두가 쉽게 의식할 수 있기 때문이지요. 예를 들어, 우리 사회에서는 국기나 위인들의 동상 등이 하나의 신성한 상징이지요. 이러한 것들은 국민의례나 기념일 등을 통해 신성하게 다루어짐으로써 사람들에게 태극기나 위인들이 의미하는 내용을 의식하게 하고 서로 비슷한 사고방식을 갖게 하지요. 이렇듯 원시시대의 토템은 바로 사회였고 토템을 숭배하는 것은 사회를 신성시하는 것이었습니다."

국제면은 얼마 전 아프리카 오지의 부족 이야기를 다룬 적이 있어 토템에 관해 좍 꿰고 있었다.

"에헴, 네 그렇습니다. 여기 논설면에도 그 내용은 있군요. 에헴! 그러니까 뭐냐, 뒤르켐은 종교 행사는 흥분과 정열을 불어넣어 준다고 하였답니다. 허허선생님이 아이들과 춤추고 노래하며 인디언의 제사 의식 같은 놀이를 한 것처럼 종교 행사는 일종의 축제였답니다. 춤추고 노래 부르고 주문을 외우면서 사람들은 열정적인 상태로 빠져 들게 되지요. 이러한 격정 속에서 사람들은

국기에 대한 경례!
성스러운 마음으로……
경건한 자세로……

태극기가 우릴 보고 말하는 것 같아.
"자랑스러운 대한의 어린이여!"라고.

집단적인 흥분 상태가 되고 토템의 중요성을 더욱 깊이 깨닫게 된다는 것입니다. 성스러운 토템에 대한 이러한 공동의 의식이 부족 구성원들을 강하게 하나로 묶는 끈이자 사회질서의 근본이 된 것이지요. 따라서 종교와 사회질서는 매우 밀접한 관계가 있답니다. 토템은 성스러운 것이자, 구성원들을 하나로 묶는 끈이자, 사회질서였던 셈이지요."

"그럼 요즘 현대사회는 토템을 섬기지도 않고, 과거처럼 종교가 삶의 모든 것도 아닌데 그럼 현대사회에서 개인들을 묶어 주고, 사회의 질서가 되는 것이 뭐란 말씀입니까?"

경제면이 또박또박 따지듯이 물었다.

"에헴, 어디 보자. 현대사회라……. 아, 여기 있군요. 뒤르켐은 과거 부족사회가 강하게 통합할 수 있었던 이유인 정신적 에너지가 종교였다면 현대사회에서는 그것이 도덕이라고 말하는군요."

"에이, 법도 아니고 도덕이 어떻게 사람들을 강하게 통합을 합니까? 자고로 강력한 법이 있어야 사회질서도 유지되고 사람들도 도덕적이게 되는 것이고 뭐 그런 거 아닙니까?"

경제면이 입을 삐쭉거리며 말했다.

"뒤르켐은 인간이 순응적이고 동물적인 수준을 뛰어넘을 것을 요구하였다는군요. 뒤르켐은 사람들의 도덕성을 함양시키기 위해 어려서부터의 도덕교육이 중요하다고 말했답니다. 기본적으로 교육은 아이들에게 기술을 가르치는 목적이 아닌 가장 근본적인 수준의 인성을 가르치고, 인간의 존엄성에 대한 존경심을 심어 주어야 한다고 뒤르켐은 말했지요. 도덕을 모르는 상태가 곧 아노미입니다. 개인들은 사회 속에서 자신들의 욕망과 이익을 키워 나가게 되는데 그러한 욕망을 통제해 줄 틀이 바로 도덕이지요. 만약 이러한 틀이 없다면 모두 이기주의에 빠지게 될 것입니다. 그래서 뒤르켐은 도덕을 통해 욕망과 자기통제의 적절한 조절을 가르쳐야 한다고 말했답니다. 이제 모두 허허선생님이 아이들과 인디언 놀이를 한 이유가 이해가 되십니까?"

신문들은 웅성웅성 저마다 도덕에 대해 이야기를 나누느라 정신이 없었다.

그때 갑자기 문화면이 호들갑을 떨면서 식탁 아래로 급히 내려갔다.

"모두 어서 내려와요! 이제 새벽이 되면 강 기자가 라면이라도 끓여 먹으려고 여기로 들어올 거란 말이에요. 그럼 우린 바로 영어 신문 꼴이 되는 거라고요! 빨리요, 빨리!"

문화면의 얘기에 신문들은 모두 사색이 되어 서로 밀치고 당기며 식탁 아래로 내려왔다.

바스락, 바스락!

탁, 탁! 타닥!

② 진짜 영웅

어젯밤의 인디언 놀이로 아이들은 모두 녹초가 되어 잠자리에 들었고, 새벽녘에 허허선생님의 시끄러운 확성기 소리에 잠을 깰 때까지 모두 깊고 깊은 단잠을 잘 수 있었다.

"자, 모두 어서들 일어나 단장들 해야지. 인제 서울로 가면 부모님들이 네 녀석들 데리러 마중 나와 계실 텐데 예쁘게 보여야지!"

아이들은 겨우 세수를 하고 아침을 먹기 위해 부엌으로 내려갔다. 부엌에서는 아줌마 한 분이 분주히 식탁 위에 반찬들을 올려

놓고 계셨다.

"아이고, 너희가 음식을 해 먹었다며? 어디 제대로 뭐라도 놓고 먹었니? 선생님께서 하도 그냥 쉬러 들어가라고 하셔서 그렇게 하긴 했다만 통 걱정이 돼서 말이야. 그런데 아까부터 선생님은 왜 눈을 찡긋찡긋 하신대요? 눈에 뭐가 들어가셨나?"

"허허…… 허…… 아, 오늘 날씨 참 좋다."

아이들은 의심쩍은 눈으로 허허선생님을 쳐다보며 식탁에 앉았다. 아줌마가 해 주신 밥은 너무 맛있어서 아이들은 정신없이 먹어댔다.

아침을 먹은 후에 아이들은 허허선생님과 함께 산책을 했다. 아직 쌀쌀한 아침 공기에 아이들은 부르르 몸을 떨며 서로서로 바싹 붙어 걸었다.

"어제 우리 너무 신나게 놀았지? 안 그래? '영웅에게서 나서 세상의 태양이 되다' 님? 히히히."

영우는 태양을 툭툭 치며 장난을 걸었다. 하지만 태양은 밤새 그 이름에 대해 생각하느라 거의 뜬눈으로 지새웠기 때문에 웃음이 나질 않았다. 어쨌건 아직 아무것도 달라진 것은 없었다. 여전히 태양이 앞에 현실은 변한 것이 없었으니까.

"음, 모두 아침 공기를 깊이 들이마셔 보렴. 아! 너무 상쾌하고 좋구나. 허허허!"

허허선생님은 두 눈을 감고 아침 공기를 들이마시며 행복한 표정을 지으셨다.

"저기요, 선생님. 왜 선생님은 우리한테 아무 얘기도 안 해 주시는 거예요? 이런 데 오면 앞으로 이렇게 하지 마라, 저렇게 하지 마라, 그런 얘기들 들려주고 그러는 거 아닌가요?"

태양이 어제부터 내내 선생님께 궁금했던 것을 물었다. 허허선생님은 도대체 여기서 하는 일이 뭘까, 태양은 어제 이곳에 도착한 순간부터 그것이 너무 궁금했었다.

밥만 열심히 챙겨 드시고, 아이들보다 노는 데 더 신이 나셔서 도대체 좋은 얘기는 언제 들려주실 건지.

"응? 글쎄. 특별히 해라, 하지 마라, 그런 얘기를 들려줄 만한 건 없는데. 너희가 할 것, 하지 말아야 할 것을 모르는 건 아닌 것 같은데? 허허허!"

허허선생님의 알 듯 모를 듯한 이야기에 아이들은 모두 멍하게 선생님을 쳐다보고만 있었다.

"어제 너희가 서로 합심해서 근사한 점심상을 차렸었지? 너무 맛있더라. 허허허!"

아이들은 '뭐야 또 먹는 얘기야' 하는 눈으로 선생님을 쳐다보았다.

"너희가 각자 자기가 만든 음식만 먹어야 했다면 어땠을까?"

"밥이 너무 그리웠겠죠! 저는 김치찌개만 퍼먹고 있어야 했을 테니까요."

영우가 얘기하자 피식하며 아이들이 웃었다.

"그래, 맛있는 밥은 나눠 먹는 거다. 앞으로도 꼭 나눠 먹어라. 옆 사람과 꼭 나눠 먹어야 해. 허허허!"

"뭐야! 우리가 무슨 유치원생이야. 뭘 나눠 먹으라는 거야, 나눠 먹기를."

영우가 태양에게 투덜대며 귓속말을 했다. 태양은 뒤돌아서 다시 캠프로 돌아가는 허허선생님을 한참 동안 바라보았다.

아이들은 서울로 돌아가는 버스 안에서 서로 전화번호를 나누고, 이메일 주소를 묻고 하느라 제자리에 앉아 있지 않고 왔다 갔다 정신이 없었다. 태양이도 영우, 진희와 전화번호를 나눴다. 사실 영우나 진희에게 전화를 하게 될 일이 생길지는 알 수 없었지

우리는 이제
좋은 친구가 되었습니다.

아픈 곳을 가만히 짚어 주고, 사랑으로 어루만져주는
우리는 모두 '친구' 입니다.

만 그냥 다른 아이들이 하듯이 따라 적은 거였다.

버스가 서울에 도착해 아이들을 한 명씩 내려놓을 때마다 아이들의 엄마 혹은 아빠는 버스에서 내리는 아이를 낚아채듯이 차에 태워서는 뒤도 안 돌아보고 사라졌다.

진희가 버스에서 내리자 아주 크고 멋진 차에서 엄마가 내리시더니 진희를 차에 태우고 역시나 바람처럼 사라져 버렸다. 차에 타기 전 버스 안의 영우와 태양을 보며 진희가 살짝 웃었던 것 같다고 태양은 생각했다.

영우가 버스에서 내리면서 태양에게 손을 내밀었다.

"잘 지내라. 다시는 그린캠프에서 만나는 일 없도록 하자고, 작은 영웅!"

"그래, 너도 잘 지내라! 너야말로 이제 그린캠프 좀 끊지?"

둘은 씩 웃으며 악수를 했다. 버스에서 내려 씩씩하게 혼자서 집으로 걸어가는 영우를 태양은 오랫동안 쳐다보았다. 영우 부모님은 일요일도 일을 하셔서 아무도 영우를 데리러 나오시지 못한 모양이었다.

태양이 버스에서 내리자 엄마가 태양이에게 달려오셨다.

"잘 지냈니? 밥은 먹을 만했어?"

엄마는 겨우 이틀 동안이었는데도 태양이 어디 아픈 데는 없는지 걱정이 태산이었다.

집으로 돌아와 태양은 편안한 자기 방에서 한참을 생각에 잠겼다가 밥 먹으러 나오라는 엄마의 소리에 부엌으로 갔다. 엄마는 일요일인데 어디를 나가시는지 식탁 위에는 태양의 밥만 차려져 있었다.

"어디 나가, 엄마?"

"응, 밥 먹고 있어. 엄마 잠깐 어디 좀 다녀올게."

엄마는 보자기에 이것저것 반찬거리들을 담으시더니 급하게 집을 나가셨다. 생각해 보니 얼마 전부터 일요일만 되면 엄마는 태양이 마루에서 텔레비전을 보거나 하고 있을 때 부엌에서 이것저것 반찬을 싸서서는 어딘가로 가지고 가셨다.

'누구한테 반찬을 갖다주시는 거지?'

처음에는 태양도 궁금했지만 그냥 동네 누군가한테 주는 건가 보다 하고 신경쓰지 않았다.

태양은 엄마 방으로 들어가 보았다. 엄마의 화장대 위에는 태양이 어렸을 때 엄마 아빠와 함께 동물원에 가서 코끼리 엉덩이를 배경으로 찍은 사진이 놓여 있었다.

'아직도 저 사진을 안 치우고…….'

태양은 오랜만에 엄마의 책꽂이에서 앨범을 꺼내 보았다. 어렸을 적 태양의 사진과 엄마 사진, 아빠 사진…… 그리고 아빠가 돌아가셨을 때 신문에 났던 아빠 기사들…….

엄마는 그 기사들을 차곡차곡 모아 두셨다. 기사들을 넘기다가 태양은 편지를 보았다. 편지는 한 장이 아니었다. 앨범의 반을 편지가 차지하고 있었다.

태양은 앨범을 한 장, 두 장 넘기며 편지를 읽고, 또 읽었다. 태양의 눈에서 눈물이 흘렀다.

'엄마…… 진짜 영웅은 엄마야…….'

③ 함께 사는 사회

"아이고 참, 저리 좀 가요! 조금 있다가 다 같이 들으면 되지, 왜 이렇게 밀치고 난리래."

"아, 그러는 당신이나 좀 나와 봐요. 아까부터 다 가리고 서서는 말이야."

신문들은 저마다 내일부터 신년 특집으로 신문사에서 시작한 '함께 사는 사회'라는 제목의 기획 연재를 보기 위해 회의실로 모이자마자 특집기획면 앞으로 몰려들었다.

"어머, 어머, 역시 특집면은 달라. 전면 컬러에 글자체도 좀 다른 것 같은데? 종이 질도 반짝반짝 윤이 나는 것이. 아! 나도 저런 곳에 한 번만 실려 봤으면!"

문화면은 부러운 마음에 특집기획면 앞을 떠날 줄을 몰랐다.

"모두 환영해 주시니 몸 둘 바를 모르겠네요. 저는 오늘부터 신년 특집으로 앞으로 한 달 동안 '함께 사는 사회'라는 주제로 사회 속에서 서로 돕고 사는 다양한 사람들에 대한 기사를 다루려고 해요. 지난주까지 논설면이 다뤘던 뒤르켐의 자살론을 바탕으로 한 사회와 개인과의 관계를 다룬 논설이 반응이 좋아서 그 논설의 맥을 잇는 연재랄까요? 많은 관심 부탁드려요."

똑 부러진 특집기획면의 인사말에 다시 신문들은 역시 특집은 다르다니까, 하며 웅성거리기 시작했다.

"에헴, 자, 자, 그럼 이렇게 떠들 것이 아니라 특집기획면의 기사를 좀 들어봅시다."

논설면이 소란스러운 신문들을 조용히 시키고 특집기획면에게 회의실 탁자의 중앙 자리를 내주었다. 특집기획면이 차분한 목소리로 기사를 읽기 시작했다.

"내일은 '함께 사는 사회'의 첫 번째 연재가 시작되는 날입니다.

그래서 아주 특별하고도 아름다운 이야기가 실렸지요. 내일의 주인공은 장태양이라는 아이의 이야기입니다."

"뭐라고요? 장태양이라고요? 죽은 장영식 소방관의 아들 태양을 말씀하시는 건가요?"

사회면이 깜짝 놀라며 물었다. 다른 신문들도 모두 '정말 그 태양 군을 말하는 거래?' 하며 옆 신문들에게 되물었다. 태양이 또 무슨 일을 저지른 것은 아닌지 걱정 가득한 눈으로 특집기획면을 바라보는 신문들도 있었다.

"장태양 군이 그렇게 유명한 아이인가요? 저는 잘 모르는 일이라서. 어쨌거나 장태양 군의 아버지가 고 장영식 대원인 건 맞습니다. 그럼 다시 기사 내용으로 돌아가겠습니다. 장태양 군은 얼마 전 아파트 화재 현장에서 불길 속에 갇힌 사람들을 구해 내고 자신은 미처 불길을 빠져나오지 못해 사망한 고 장영식 대원의 하나밖에 없는 아들입니다. 장태양 군은 아버지가 돌아가신 후 심한 정신적 혼란 상태를 겪었습니다. 그 결과 도둑질과 자살 시도라는 사회적 금기 행위를 하기에까지 이르렀지요. 그래서 장태양 군은 여러분도 잘 알고 계시는 우리 신문사의 논설위원이신 허허선생님이 있는 그린캠프로 가게 되었습니다. 거기에서 장태양 군은 자신과 비슷한 또래의 많은 아이를 만나게 되었지요. 소위 사회에서 문제아라고 불리는 아이들이었습니다. 그러나 사회 속에서 소외되고 길을 잃었던 장태양 군과 아이들은 그곳에서 작은 사회를 만날 수 있었습니다. 혼자가 아니라 함께 하는 사회를 알게 된 것이지요. 그리고 서울로 돌아온 장태양 군은 우연히 엄마의 앨범에서 엄마가 수개월 동안 반찬거리들을 챙겨 주며 돌보았던 사람들이 엄마에게 보낸 감사의 편지를 읽게 되지요. 그 사람들은 바로 돌아가신 아버지가 목숨을 던져 구했던 그 가족이었습니다."

"어머! 그게 정말이에요? 어쩜, 어쩜, 태양이 마음이 어땠을까?"

"아니, 그 엄마는 무슨 생각으로 그랬답디까? 그 가족 때문에 자기 남편이 죽었는데. 게다가 자기 아들도 그렇게 힘들게 방황을 하고. 참, 사람들은 이해할 수가 없다니까."

신문들은 저마다 이해할 수 없다는 표정으로 다시 웅성거리기 시작했다.

"그래서 태양은 다시 엄마에게 화가 나서 나쁜 짓을 하게 됐다 뭐 그런 건가요?"

경제면의 질문에 특집기획면이 다시 기사를 읽기 시작했다.

"태양은 처음에는 너무 놀라고 엄마의 행동을 이해할 수가 없었

가슴속 깊이 감춰 두었던 사랑의 마음을
우리 이웃에게 보여 주세요.
사랑은 표현할 때 더욱 아름답습니다.

다고 말했다는군요. 하지만 태양은 그 사실을 알게 된 후 일주일이 지난 일요일에 엄마와 함께 그 가족이 살고 있는 집으로 가게 되었어요. 그 가족은 아파트가 불에 탄 후 정부에서 지원해 준 약간의 보조금으로 얻은 지하 단칸방에서 힘들게 살고 있었어요. 그 가족은 아이의 아빠가 일찍 병으로 죽고, 엄마 혼자 힘들게 일해서 다섯 살 난 아들 규영이와 근근이 먹고 살았대요. 그런데 갑작스러운 아파트 화재로 그나마 삶의 터전이었던 집까지 잃게 된 것이었지요.그래서 규영이 엄마는 처음엔 죽을 결심까지 했다고 합니다. 그런데 바로 그때 태양의 엄마가 규영이 가족에게 사랑의 손길을 내민 것이지요. 태양이 엄마의 말에 의하면 그런 결심을 하기까지 쉽지는 않았다고 하더군요. 하지만 죽은 태양의 아빠를 생각하면 그 죽음이 헛되지 않게 해야겠다는 생각을 떨칠 수가 없었대요. 규영이 엄마도 자신들 때문에 힘들었던 태양이 가족에게 부끄러운 마음이 들었대요. 그래서 다시 일도 시작하고 규영과 열심히 살아야겠다고 결심했다는군요. 태양은 이제 매주 일요일이면 영우, 진희와 함께 엄마 대신 규영의 집을 찾아가 규영이도 봐주고 엄마가 싸 주신 반찬들도 놓고 온대요. 태양이도 쉽지 않은 결정이었다고 말하고 있군요. 하지만 아빠가 지킨 그 가족의 생명을 엄마와 태양이 함께 돌보는 것, 그것이야말로 진정 아름다운 사회 속 개인의 모습 아니겠습니까?"

특집기획면의 이야기를 들은 신문들은 저마다 깊은 생각에 잠겼다. 얼굴도 모르는 사람들의 생명을 구하기 위해 목숨을 던진 아버지보다 그 아버지를 원망하지 않고 그 뜻을 함께 한 태양이 가족의 이야기에 신문들은 크게 감동을 한 것 같았다.

"흑흑, 너무 아름다운 이야기군요. 그런데 영우와 진희도 태양과 함께 규영네 가족을 찾아간다고요? 의외군요."

문화면의 이야기에 신문들은 모두 '그건 그러네!' 하는 표정이었다.

"자, 자, 오늘 특집기획면의 이야기는 너무 감동적이었습니다. 그럼 여러분 모두 내일 밤에 다시 뵙도록……."

딸각!

후닥닥! 샤샤샥!

"아이 참, 특집 기사가 왜 여기 와 있어. 한참 찾았네."

회의실로 들어온 박 기자가 여기저기 미처 숨지 못한 신문들은 거들떠도 보지 않은 채 특집 기획면을 챙겨서 회의실을 나갔다.

여기저기 숨으려고 했던 신문들은 머쓱해져서 저마다 한마디씩

했다.

"흠흠, 거 국회가 빨리 열려야 정치면이 볼 게 있을 텐데."

"경제가 살아야 원 사람들이 경제면에 관심을 두지."

"요즘 사람들은 통 문화를 즐길 줄 모른다니까. 흥!"

"새로 게임 시디가 하나 나왔는데 보실래요? 네?"

"……."

회의실의 밤은 끝없는 신문들의 이야기로 새벽을 맞고 있었다.

뒤르켐은 근대사회를 분석하고 아노미의 현상을 설명하기 위해 자살뿐 아니라 분업의 문제도 이야기하였습니다. 분업은 말 그대로 생산을 능률적으로 하기 위해 생산과정을 세분화하여 개인들이 특정한 작업만 담당하는 것을 말합니다.

그는 《사회분업론》에서 이렇게 말하고 있습니다.

"이 책은 개인이 사회적 연대에 대해 가진 관계들에 관한 질문에서 출발했다. 왜 개인은 한층 더 자율적이 되어 가는 반면에, 한층 더 사회에 의존하는가? 어떻게 해서 개인은 더욱 개별적이면서 동시에 더욱 결속적일 수 있는가? 그 대답은 분업의 꾸준한 증대로 인한 사회적 연대의 변동에 있다."

연대란 말은 결속과 같은 의미가 있는 말입니다. 뒤르켐은 현대사회로 올수록 개인주의가 팽배하게 되고 전통이 와해되면서 개인의 사회에 대한 구속력이 떨어진다고 보았습니다. 즉 개인들의 자율성이 증대되는 것입니다. 그러나 현대사회는 무너지지 않고 오히려 결속과 통합은 강화되고 있습니다.

현대사회의 연대와 결속이 증가하는 이유를 뒤르켐은 분업에서 찾고 있습니다. 현대사회로 올수록 인구는 증가하고 일의 효율성을 높이기 위해 사람들은 분업을 하게 됩니다. 분업이 이루어지면 사회는 다양해지고 사람들은 자신이 모르는 분야에 도움을 얻기 위해 서로를 필요로 하게 되는 것입니다. 즉 현대사회에서 사람들은 조화롭게 살기 위해 다른 사람의 도움을 필요로

하게 되는 것입니다. 개인주의가 팽배하지만 상호 협력이 강조되는 사회가 바로 현대사회인 것입니다.

현대사회가 분업을 통해 사회 통합을 강화시켰지만 문제는 발생합니다. 바로 사회가 분화되고 직업이 다양해지면서 그에 따른 개인들의 윤리와 직업윤리가 발달하지 못한다는 것입니다.

산업사회로 오면서 개인과 집단을 규제하는 새로운 도덕과 문화가 정착하지 못할 때 발생하는 분업이 바로 아노미적 분업입니다. 즉 산업사회 전반에 걸쳐 규범이 없는 상황에서 이루어지는 분업이 아노미적 분업입니다. 뒤르켐은 이러한 문제를 해결할 수 있는 방안으로 새로운 도덕의 등장과 직업집단의 역할을 이야기합니다.

직업집단이 발전하면서 이들은 국가권력을 견제하고 국가가 개인의 의미를 억누르는 것을 방어합니다. 이를 통해 뒤르켐은 도덕이 발전하고 그것이 현대사회의 독특한 도덕적 개인주의라고 보았습니다. 즉 도덕적 개인주의는 자기만의 이익, 타인을 배려하지 못하는 개인주의가 아니라 공동체 정신이 있고 사회 통합을 강조하는 개인주의입니다.

뒤르켐은 이러한 도덕적 개인주의가 발전하면 아노미적 분업에서 발생하는 부정적인 현상을 막을 수 있고 사회 통합을 강화할 수 있다고 보았습니다. 또한 이러한 목적으로 직업집단 조직을 발전시키고 개인들에게 도덕주의를 강조하는 것이 참된 현대사회로 나가는 가장 좋은 방법이라고 생각하였습니다.

에필로그

"자식! 가리지 말고 다 먹어야 나중에 형처럼 멋진 남자가 되는 거야!"

"야, 강영우! 애한테 너무 심한 말 아니냐? 너처럼 되라니!"

"뭐? 야, 오진희! 내가 어때서! 어? 어?"

"그만들 좀 해라. 규영이가 너희를 보고 뭘 배우겠니? 어?"

"아주, 이 자식 봐라."

태양과 영우, 진희는 규영이와 함께 점심을 먹으며 티격태격 장난을 쳤다.

처음 태양이가 규영이네 집에 함께 가자고 영우와 진희를 불렀을 때 둘은 겨우겨우 나오기는 했지만 불만이 가득한 표정들이었다.

하지만 이제는 태양이보다 둘이 더 열심이였다.

"규영을 보면서 내가 가진 것이 얼마나 소중한 것인가를 알았어. 이제 엄마 아빠랑 이야기하는 시간도 더 많이 가질 거고, 친구들도 많이 만들 거야. 혼자보다 여럿이 함께 하는 게 즐겁다는 걸 너희를 만나면서 알게 됐어."

진희가 설거지를 하며 영우와 태양에게 말했다.

"오, 오진희! 철들었니? 이야, 그래, 그럴 때도 됐지. '아름다운 세상에 태어나 멋지게 사는 이'가 한번 되어 보시겠다, 이거지?"

"야, 강영우! 너나 잘하셔! 이제 밖으로 나다니지 좀 말고 집에 좀 붙어 있어 보시지."

"체, 야! 안 그래도 내가 요즘에 집에 얼마나 열심히 봉사를 하는데. 바쁜 엄마 아빠 대신해서 세탁기도 돌리고, 청소도 하고. 잔소리만 하고 돈타령만 하는 엄마 아빠지만 나한테는 곁에 있는 것만으로도 감사해야 할 사람이라는 걸 알았으니까."

"이야, 너야말로 철들었니? 드디어 너 자신이 '그래도 부모님이 있어서 행복한 이'라는 걸 깨달은 거야?"

세 사람은 큰 소리로 웃었다. 세 사람의 웃음소리가 규영이네 단칸방을 가득 채웠다.

　　아이들은 살면서 계속 흔들리고 방황하겠지만 각자 마음속에
　　나침반을 갖고 있다면 언젠가는 제자리로 돌아올 것이다……

"카, 역시 허허선생님의 논설은 마음을 울리는 뭔가가 있다니까요.
정말 짠! 하지 않습니까?"
"맞아요. 정말 감동적인 논설이에요!"
신문들은 논설면을 읽고 저마다 감동하여 한마디씩 했다.
"그런데 아까부터 문화면이 안 보이지 않습니까?"
"그래요, 맞아, 조용하더라니. 왜 안 나온 겁니까?"
"안 나온 게 아니고요. 킥킥, 제일 먼저 나왔다가 야근하는 강 기자
가 끓인 라면 냄비 받침 하고 있어요, 킥킥."
"조용하고 좋네요, 뭐. 자 회의들 시작하죠!"

통합형 논술
활용노트

01 뒤르켐은 현대사회에서의 범죄와 청소년의 일탈 문제 등이 왜 그렇게 빈번히 일어나는지를 설명하기 위해서 '아노미'라는 말을 사용하였습니다. 뒤르켐이 이야기한 아노미란 무엇인지 적어 보세요.

02   뒤르켐의 학설은 자살의 문제를 한 개인의 문제가 아닌 사회와의 관계 속에서 찾고 있다는 점에서 기존의 학설들과 차별성을 갖습니다. 뒤르켐이 생각하는 자살의 요인과 뒤르켐이 가장 관심을 기울인 아노미적 자살에 대해 적어 보세요.

03 책에서 신문들은 태양의 자살 시도를 사회와 개인과의 관계와 관련하여 설명하고 있습니다. 뒤르켐이 말한 '사회적 사실'과 관련하여 개인에게 영향을 미치는 사회적 힘에 대해 적어 보세요.

04 뒤르켐은 종교와 사회의 가장 원초적인 형태를 연구하면 현대사회
의 복잡한 사회적 현상들을 발생시키는 근본적인 원인을 이해할
수 있다고 보았습니다. 원시사회의 법이자 사회질서였던 토템에
관해 적어 보세요.

05 아이들과 허허선생님은 그린캠프에서 인디언 놀이를 통해 공동의 유대감과 사회적 연대를 확인하게 됩니다. 뒤르켐은 토템을 섬기지도 않고 과거처럼 종교가 삶의 모든 것도 아닌 현대사회에서 개인들을 묶어 주고 사회의 질서가 되는 것을 무엇이라고 했는지 적어 보세요.

06 뒤르켐은 자살을 네 가지의 유형으로 분류했습니다. 그 중 태양의 아버지와 같은 경우는 어디에 속하는지, 그리고 그 이유는 무엇인지 적어 보세요.

07 뒤르켐의 《자살론》은 개인과 사회의 관계에 대해 탐구한 고전 중
의 하나입니다. 인간은 자유의지를 가진 개별적인 존재이지만, 인
간의 행위는 종종 사회의 영향력 아래에 놓여 있습니다. 뒤르켐은
매우 개인적인 것으로 보이는 자살과 같은 행위조차도 사회의 영
향을 받고 있음을 보여 주고 있습니다. 그래서 사회의 통합, 사회
의 규제와 자살의 관계를 분석하여, 사회가 자살에 영향을 주고 있
다는 증거로 제시합니다. 뒤르켐의 주장을 바탕으로 하여, 개인이
사회적으로 건강하게 살아가는 것을 돕기 위한 교육의 사회적 역
할에 대해 논술하세요.

08 뒤르켐은 '과학적 연구는 비교할 수 있는 사실들을 다룸으로써만 그 목적에 도달할 수 있으며, 유용하게 비교될 수 있는 모든 자료를 많이 모을수록, 그 연구가 성공할 가능성은 큰 것'이라고 말합니다. 뒤르켐은 이를 위해서 자살률과 관련된 통계적 자료를 모아 자살을 원인별로 분류한 후, 이를 토대로 원인에서 결과로 내려가는 방식을 취하고 있습니다. 이러한 작업을 통해서 뒤르켐은 실증주의 연구 방법론을 사회학에 도입하고, 사회학이 하나의 독립적인 학문으로 자리를 잡는 데 크게 이바지한 것으로 평가됩니다. 그럼에도 《자살론》은 많은 오류를 가지고 있습니다. 어떤 오류를 가지고 있는지 생각해서 적어 보세요.

통합형 논술 활용노트
문제풀이

01 원래 아노미라는 말은 윤리학이나 종교학, 철학에서 자주 사용되는 용어인데 사회학적인 용어로 처음 사용한 사람이 바로 뒤르켐입니다.

아노미는 규범이 없거나 무너지는 것, 즉 무규범 상태를 말합니다. 규범은 사람들이 어떤 행동을 할 때 그 행동의 기준이 되며, 그 행동을 옳거나 그르다고 판단할 수 있는 잣대가 되는 것입니다. 그런데 이러한 규범이 무너져 버리면 옳고 그름을 판단할 수 있는 기준이 없어져 버리기 때문에 사람들은 혼란한 상태가 되어 버립니다. 이렇게 되면 사회는 혼란에 빠지게 되고 사람들은 정신적 공황 상태가 됩니다. 이것이 바로 뒤르켐이 이야기하는 아노미이며, 뒤르켐은 아노미를 개인의 심리 현상이 아니라 사회적인 현상으로 해석하려 하였던 철학자입니다.

02 일반적으로 자살은 지극히 개인적인 행동이고, 심리학이나 정신의학의 틀 안에서만 이해될 수 있는 현상으로 인식되었습니다. 하지만 뒤르켐은 자살의 문제를 심리적·정신적인 문제로만 보지 않고 사회적인 문제로 보았다는 점에서 기존의 학설들과 차별성을 갖습니다.

아노미적 자살은 사회가 혼란한 상태일 때 발생하며 특히 경제적 위기의 상황일 때 발생한다고 뒤르켐은 보았습니다. 경제 침체, 대량 실업 사태 등 갑작스런 주변 상황의 위기는 개인의 기대와 욕구를 좌절시키며 가치판단에 대한 능력을 훼손시켜 가치의 기준을 흔들어 놓습니다. 이러한 상황에서 목숨을 끊는 것을 아노미적 자살이라고 합니다.

또한 경제적 호황기에도 아노미적 자살은 나타나는데 경제 호황기에는 사람들의 욕구와 기대 수준이 높아지기 때문에 지나친 욕구의 수준을 규제하고 통제할 규범이 없는 상황에서 사람들은 자살을 선택하게 되는 것입니다. 이것 역시 아노미적 자살입니다.

03 뒤르켐은 개인이 사회의 영향을 받는 존재라고 생각하였습니다. 따라서 개인의 행동이나 생각은 개인이 속

한 사회의 영향을 받을 수밖에 없는 것입니다. 뒤르켐은 사회구조와 사회현상에 대한 설명과 이해를 통해 사회와 개인을 파악하고자 하였습니다. 사회적 사실은 개인의 감정, 사고, 행동 양식 등 모든 것을 지배하는 사회의 그 무엇이라고 뒤르켐은 정의합니다.

우리가 만약 우리가 살고 있는 사회의 사회적 사실을 거부한다면 사회는 당연히 사회질서나 통합을 위해 제재를 가할 것입니다. 개인이 아무리 별개의 의식을 가지고 사회 속에서 살아간다고 하더라도 혼자 무인도에 떨어져 살지 않는 이상 사회 속에서 만들어진 공통의 의식구조의 영향을 거부할 수는 없습니다. 이것이 바로 뒤르켐이 이야기한 사회적 힘입니다.

04 토템은 자기 부족의 기원을 특정 동식물과 연결하는 것을 말합니다. 토템은 부족마다 달랐고, 그 대상도 구성원들에게 매우 성스럽게 여겨지는 것들이었습니다. 토템은 그 부족들에게 신성한 것이었고 친숙한 것이었습니다.

토템의 대상인 성스러운 것들은 종교 행사를 통해 매우 소중하게 다루어졌고 세속적인 것을 행할 때는 가혹한 처벌을 내리기도 하였습니다. 따라서 원시 부족들은 종교를 통해 좋은 것과 나쁜 것, 숭배해야 할 것과 금기시해야 할 것을 구분하였고 이것은 사람들의 머릿속에 깊게 새겨져 하나의 사회적 질서가 되었습니다.

성스러운 토템에 대한 이러한 공동의 의식은 부족 구성원들을 하나로 묶어 주는 끈이자 사회질서였습니다.

05 뒤르켐은 과거 부족사회가 강하게 통합할 수 있었던 이유인 정신적 에너지가 종교였다면 현대사회에서는 그것이 도덕이라고 말합니다. 뒤르켐은 사람들의 도덕성을 함양시키기 위해 어려서부터 도덕교육이 중요하다고 이야기했습니다. 기본적으로 교육은 아이들에게 기술을 가르치는 목적이 아닌 가장 근본적인 수준의 인성을 가르치고 인간의 존엄성에 대한 존경심을 심어 주어야 합니다.

도덕을 모르는 상태가 곧 아노미입니다.

개인들은 사회 속에서 자신들의 욕망과 이익을 키워 나가게 되는데 그러한 욕망을 통제해 줄 틀이 바로 도덕입니다. 뒤르켐은 도덕을 통해 욕망과 자기통제의 적절한 조절을 가르쳐야 한다고 말했습니다.

06 태양의 아버지는 얼굴도 모르는 사람들을 구하기 위해 자신이 죽을 것을 알면서도 불 속으로 뛰어들었습니다. 이렇게 남을 위해, 사회를 위해 죽는 것을 뒤르켐은 이타적 자살이라고 하였습니다.

이타적 자살을 하는 사람들은 개인의 이익보다는 집단이나 사회의 이익에 더 큰 관심이 있습니다. 즉 자신을 희생하여 사회를 위하여 기꺼이 자신의 목숨을 던지는 것입니다. 사회통합이 지나치게 강할 때 나타나는 현상이며 이기적 자살과는 정반대의 현상입니다.

예를 들어 군인이 전쟁에서의 승리를 위하여 기꺼이 목숨을 던지는 행위나 제2차 세계대전 때 일본의 자살특공대가 그와 같은 경우입니다.

07 인간의 사회화는 교육을 통해 이뤄집니다. 비단 여기에서 교육은 학교교육뿐만 아니라, 가정교육과 사회교육, 즉 넓은 의미의 교육을 뜻합니다. 사회화는 '늑대 소년'의 예에서와 같이 인간이 인간답게 살기 위한 또 하나의 조건입니다. 사회화를 통해 인간은 사회의 도덕을 배우고, 사회에 결속되게 됩니다.

물론, 이타적 자살에서 보듯이 지나치게 사회에 결속되게 되어 자살을 택하는 경우도 있습니다. 대표적인 예가 제2차 세계대전에서 활약한 일본의 자살특공대인 가미카제 특공대입니다.

따라서 사회화하는 과정에서 개인이 어떤 규범을 습득하였는지가 중요합니다. 전체를 위한 개인의 희생을 강요하는 집단에서 습득한 규범은 이타적 자살을 부추기기 때문입니다. 그러므로 도덕교육은 어떠한 특정 집단의 규범을 넘어서는 것이어야 합니다. 인류에 공통되고 보편적인 도덕이 집단의 규범보다 우선되는 교육이 이루어져야 합니다.

교육은 개인에게 직접적이고, 또 강제적인 면이 있습니다. 개인이 사회적으로 건강하

게 살기 위해서는 개인의 생명을 소중히 여기고, 집단의 가치와 개인의 가치를 잘 조화시키는 교육이 이루어져야 합니다.

08 《자살론》이 가지고 있는 오류를 크게 두 가지만 짚어 보자면, 첫째로 지나치게 사회적 원인만을 가지고 자살을 이해하고 있다는 점을 들 수 있습니다. 사회적 영향을 무시할 수 없는 것과 마찬가지로, 자살을 결심한 개인의 심리적인 문제 또한 무시할 수 없습니다.

둘째로 자살을 할 때 유서를 남겼다면, 그 사람이 왜 자살을 했는지 이유를 알 수 있겠지만, 유서를 남기지 않았다면 그 이유를 추측할 수밖에 알아낼 다른 도리가 없습니다. 뒤르켐은 여러 가지 자살의 원인으로 자살률을 통계 내었는데, 어떻게 죽은 자들의 원인을 알아낼 수 있었는지 의문이 갑니다. 만약 유서를 남긴 사람들만 조사하여 통계를 내었다면, 유서를 남기지 않은 다른 사람들은 조사에서 빠지게 되므로 결과에 큰 영향을 미칠 것입니다. 또 유서를 남기지 않은 사람들의 경우에 원인을 추측하여

통계를 내었다면, 그것은 시작부터 결과가 그릇될 수 있는 문제점을 안고 있는 것입니다.